U0889482

Reading & Interpretation
大家写小书·马恩经典著作新读

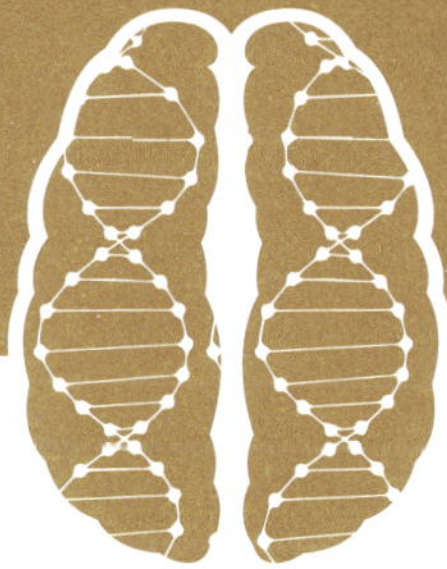

丛书主编 顾保国

资本主义经济关系的深刻揭示

《雇佣劳动与资本》新读

韩喜平 何况 著

红旗出版社

红旗出版社
HONGQI PRESS
推动进步的力量

图书在版编目(CIP)数据

资本主义经济关系的深刻揭示：《雇佣劳动与资本》新读 / 韩喜平，何况著. —北京：红旗出版社，2020.1(2021.4重印)
(大家写小书 / 顾保国主编. 马恩经典著作新读)
ISBN 978-7-5051-5014-0

Ⅰ.①资… Ⅱ.①韩… ②何… Ⅲ.①《雇佣劳动与资本》-马克思著作研究 Ⅳ.①A811.21

中国版本图书馆CIP数据核字(2019)第252102号

书　　名　资本主义经济关系的深刻揭示
　　　　　《雇佣劳动与资本》新读
著　　者　韩喜平　何　况

责任编辑　丁　鋆　曾晓蓉　　从书统筹　丁　鋆
责任校对　周婷婷　　特约编审　希　言
责任印务　金　硕　　装帧设计　戴　影
出版发行　红旗出版社
地　　址　北京市沙滩北街2号　　邮政编码　100727
　　　　　杭州市体育场路178号　　邮政编码　310039
编 辑 部　0571-85310806
E - mail　rucdj@163.com　　发 行 部　0571-85311330
图文排版　杭州兴邦电子印务有限公司
印　　刷　浙江全能工艺美术印刷有限公司
开　　本　889毫米×1194毫米　1/32
字　　数　56千字　　印　　张　2.75
版　　次　2020年1月第1版　　印　　次　2021年4月第3次印刷
ISBN 978-7-5051-5014-0　　定　　价　20.00元

欢迎品牌畅销图书项目合作　　联系电话:0571-85311330

从经典著作中汲取斗争智慧

（丛书序）

习近平总书记在2019年秋季学期中央党校（国家行政学院）中青年干部培训班开班式上发表重要讲话时指出，“斗争精神、斗争本领，不是与生俱来的。领导干部要经受严格的思想淬炼、政治历练、实践锻炼，在复杂严峻的斗争中经风雨、见世面、壮筋骨，真正锻炼成为烈火真金。要学懂弄通做实党的创新理论，掌握马克思主义立场观点方法，夯实敢于斗争、善于斗争的思想根基，理论上清醒，政治上才能坚定，斗争起来才有底气、才有力量”。

经典著作体现了马克思主义立场观点方法，不仅包含着明确的问题意识、经典的分析方法，而且包含着斗争精神。这种斗争精神既体现了事物本身的复杂性，也体现了人类智慧的深刻性。虽然马克思主义诞生在一个半世纪之前，但迄今依然有着强大的生命力，被历史和现实一再证明是科学的理论，这其中一个重要原因就在于其科学的理论思维和强大的斗争精神。马克思主义经典著作是经典作家探索真理的丰富思想结晶，彰显了马克思主义经典作家坚定的政治立场、政治信仰和献身共产主义事业的政治品格和伟大的斗争精神。习近平总书记在纪念马克思诞辰200周年大会上的讲话中指出：“共产党人要把读马克思主义经典、悟马克思主义原理当作一种生活习惯、当作一种精神追求，用经典涵养正气、淬炼思想、升华境界、指导实践。”这就要求我们，提高学习马克思主义理论的能力，学思践悟，做马克思主义的信奉者、继承者、实践者和发展者。当严峻形势和斗争任务摆在面前时，骨头要硬，要敢于出击，敢战能胜。

近年来，马克思主义经典阅读热潮悄然兴起，再次凸显马克思主义经典著作编译的重要意义和时代价值。习近平总书记在中央政治局第五次集体学习时指出：“要深化经典著作研究阐释，推进经典著作宣传普及，让理论为亿万人民所了解所接受，画出最大的思想同心圆。”准确理解习近平总书记这一重要论述，需要我们深刻把握研究、阐释经典著作的时代要求，进一步加强经典著作宣传普及，使广大人民群众更深刻地感悟马克思主义的真理力量和斗争精神。

恩格斯曾说：“一个民族要想站在科学的最高峰，就一刻也不能没有理论思维。”理论思维能力不是天生的，而是后天培养和训练出来的。马克思主义经典著作是人类思想的精华，它深刻揭示了自然界、人类社会、人类思维发展的普遍规律。习近平总书记在2011年中央党校春季学期第二批入学学员开学典礼上强调，“阅读经典著作，本身就是增长知识、开阔眼界、增加思想深度和训练思维方式的过程，就是培养高瞻远瞩的战略洞察力和脚踏实地的工作作风的过程”。广大党员干部要提高斗争能力，必须高度重视通过学习马克思主义经典著作来提高自己的理论思维能力。

当今世界正处于百年未有之大变局，我们党领导的伟大斗争、伟大工程、伟大事业、伟大梦想正在如火如荼地进行，改革发展稳定任务艰巨繁重，我们面临着难得的历史机遇，也面临着一系列重大风险考验。各级领导干部要想在这些风险、困难和挑战面前赢得优势、赢得主动、赢得未来，就必须坚定马克思主义信仰和共产主义理想，不断提高运用马克思主义分析和解决实际问题的能力，不断提高运用科学理论指导我们应对重大挑战、抵御重大风险、克服重大阻力、化解重大矛盾、解决重大问题的能力，以更宽广的视野、更长远的眼光来思考把握未来发展面临的一系列重大问题，这就迫切要求领导干部自觉增强学习和运用马克思主义的本领，掌握马克思主义的斗争精神。广大党员干部特别是领导干部要学好用好《共产党宣言》等马克思主义经典著作，坚持学以致用、用以促学，原原本本学，熟读精思、学深悟透，熟练掌握马克思主义立场观点方法，不断提高马克思主义理论素养。因此，我们要系统掌握和努力实践马克思主义理论，真正把马克思主义这个看家本领学精悟透运用好，提升自己的斗争能力，并推动马克思主义不断发展。

提高把思想理论转化为实践的斗争能力，画出最大的思想同心圆，是坚持和发展马克思主义的现实要求，也是实现中华民族伟大复兴这一中国梦的思想基础。马克思主义经典著作卷帙浩繁，对于广大干部、群众来说，学习要突出重点。我们提倡读马列经典著作，并不是一定要求每位干部去全面读《马克思恩格斯全集》《列宁全集》或《马克思恩格斯文集》《列宁专题文集》。学马列要精，要管用。“精”，是指要读经典著作，经典篇目；“管用”，就是要结合具体、实际工作，有针对性、有目的地学以致用。例如，从总体上把握马克思主义，需要读

《马克思主义的三个来源和三个组成部分》；掌握无产阶级的革命理论，要读《共产党宣言》；了解马克思主义哲学世界观，要读《哲学笔记》《唯物主义和经验批判主义》《反杜林论》《路德维希·费尔巴哈和德国古典哲学的终结》；掌握马克思主义政治经济学，要读《政治经济学批判》《资本论》等。因此，我们第一辑选择了十本原著，组织国内有关院校的权威专家撰写导读，并由红旗出版社公开出版这批学习马克思主义经典著作的权威性辅导教材。

马克思主义是认识世界、改造世界的强大思想武器。在人类思想史上，没有一种思想理论像马克思主义那样对人类产生了如此广泛而深远的影响。原原本本学习和研读马克思主义经典著作，不断深化对共产党执政规律、社会主义建设规律、人类社会发展规律的认识，不断提升思想水平和斗争能力，真正把马克思主义这个看家本领学精悟透运用好，我们就能更有定力、更有自信、更有智慧，在习近平新时代中国特色社会主义思想指导下，实现“两个一百年”奋斗目标，确保中华民族伟大复兴的巨轮始终沿着正确航向破浪前行，胜利驶向光辉的彼岸。

红旗文稿杂志社社长 顾保国

2019年11月

目 录

前　言

《雇佣劳动与资本》是卡尔·马克思早期研究政治经济学的一部重要著作(写于1849年)。该著作前期发行的版本都是一字不动地按马克思的原稿印行,1891年,弗里德里希·恩格斯为了使这部著作与马克思后来的观点一致,同时让工人能够更好地理解,便在当年新刊行的版本中作了一些修改和补充。

马克思为了阐述"构成现代阶级斗争和民族斗争的物质基础的经济关系"[①],以资本和劳动的关系为轴心,通过分析资本与雇佣劳动的本质及其关系,深刻揭露了雇佣工人被以工资形式所掩盖的资本主义生产关系的剥削本质以及资本主义经济制度的内在矛盾。资本主义是在雇佣劳动与资本的基础上发展起来的,马克思在这部著作中运用唯物史观说明了资本和雇佣劳动是一对历史范畴,是资本主义社会的产物,二者互为前提,表面上看似利益一致,但实质上二者相互产生,相互制约,是剥削与被剥削的关系。因此,马克思强调,资本与雇佣工人之间的矛盾关系使工人阶级"为自己铸造金锁链,让资产阶级用来牵着它走"[②]。

---

①《马克思恩格斯选集》第1卷,北京:人民出版社,2012年,第327页。

② 同①,第351页。

恩格斯在1891年为《雇佣劳动与资本》单行本撰写的导言中指出，古典经济学走入了绝境，而从这种绝境中找到出路的那个人就是马克思。19世纪40年代，虽然马克思还没有完成他的政治经济学批判工作，还未提出后来的科学的剩余价值理论体系，但是，《雇佣劳动与资本》以劳动价值论为理论基础，对资本主义经济关系展开分析，是对资本主义社会生产关系的科学把握。马克思关于资本与雇佣劳动的论述，廓清了政治经济学研究的迷雾，解决了资产阶级政治经济学无法解决的问题，使我们清晰地看到了资本的存在是资本主义生产关系剥削雇佣劳动的基础，揭露了资本主义经济关系的本质。正如列宁曾经说的："凡是资产阶级经济学家看到物与物之间的关系（商品交换商品）的地方，马克思都揭示了人与人之间的关系。"①

《雇佣劳动与资本》这部政治经济学著作，用通俗易懂的语言深刻揭示了资本主义经济关系"既是资产阶级生存及其阶级统治的基础，又是工人遭受奴役的根由"②。虽然当今世界的形势已发生巨大的变化，但《雇佣劳动与资本》仍然在构建劳动关系、研究政治经济学等方面具有重要的意义与价值。

①《列宁选集》第2卷，北京：人民出版社，2012年，第312页。

②《马克思恩格斯选集》第1卷，北京：人民出版社，2012年，第328页。

Reading & Interpretation

大家写小书·马恩经典著作新读

第一章
写作背景

马克思的政治经济学研究是和他的理论研究主题密切联系在一起的。马克思一生的理论研究主题和奋斗目标是实现无产阶级和全人类的解放,因而寻求这种解放的条件和道路成为马克思终生理论探索的基本任务和根本目的。基于这种任务和目的,马克思的研究集中于对资本主义社会本质的揭露和批判——宗教批判和哲学批判,继而是政治批判。在政治批判的过程中,马克思看到了市民社会对国家以至整个人类社会的决定作用。他发现,如果要深刻地剖析市民社会,则必须要了解政治经济学,因此,马克思开始了长达40年的政治经济学研究。《雇佣劳动与资本》这部著作就是在这样的背景下诞生的。

《雇佣劳动与资本》是马克思以1847年12月在布鲁塞尔德意志工人协会的几次演讲为基础而写成的。这部关于马克思早期政治经济学理论思考的著作,最初以社论的形式发表在1849年4月5日至11日的《新莱茵报》上。按照马克思的最初计划,他将以一系列论文来阐述资本主义经济关系。但由于当时接连爆发的事变,加之普鲁士政府驱逐马克思出境的命令颁布,《新莱茵报》这份"革命年代德国最著名的报纸"在5月19日被迫停刊。虽然马克思的文章末尾印有"待续"字样,但这部著作没有继续连载,而且续稿始终未在马克思的遗稿中发现。

《新莱茵报》停刊后,马克思曾想出版《雇佣劳动与资本》的单行本,可是他未能亲自实现这个想法。1880年,在波兰首次出版了这部著作的单行本后,1881年又再版了一次。1884年由瑞士合作印书馆出版的单行本,是在恩格斯参与下完成的，恩格斯还为它写了一篇关于该书发表经过的简短前言。1891年，为了便于在工人中进行宣传，这本小册子又出了一种新版，由恩格斯校订并新增了导言。恩格斯在导言中指出："我所作的全部修改，都归结为一点。在原稿上是，工人为取得工资向资本家出卖自己的劳动，在现在这一版本中则是出卖自己的劳动力。"[①]当前我们读到的《雇佣劳动与资本》，是根据1891年版译出的，收入了恩格斯写的1891年单行本导言（以下简称《导言》），原文中凡是恩格斯所做的改动，在其脚注中都附有当时马克思在《新莱茵报》上发表的原句。

一、为揭示资本主义基本矛盾而作

19世纪40年代，资本主义生产方式在欧洲主要国家迅速发展起来，英国基本完成了工业革命，法国和德国的工业革命也正在蓬勃开展。随着资本主义生产方式的逐步发展和确立，资本主义社会的基本矛盾也日益凸显，由生产过剩导致的经济危机周期性发生，资本家对工人的残酷剥削加剧了工人阶级的贫困与灾难，最终导致无产阶级与资产阶级的矛盾逐步尖锐起来。1847年，整个欧洲发生了比较严重的经济危机，工商业的发展和政府财政出现严重问题，处于被剥削阶级的工人的生活更加贫困，阶级矛盾空前尖锐，工人运动和政治斗争日益激烈。1848年，相继爆发了法国的二月革命、德国的三月革命、法国巴黎的六月斗争，以及波兰、匈牙利、意大利的民族运动和工人斗争，它们都集中体现了欧洲工人阶级与资产

①《马克思恩格斯选集》第1卷，北京：人民出版社，2012年，第318页。

阶级之间的矛盾与冲突。

二、为无产阶级革命运动提供理论指导

工人阶级开始作为独立的政治力量登上历史舞台，工人运动在尖锐化的矛盾中进一步高涨。在这一时期，欧洲主要发生了三次规模较大的工人运动：一是1831年和1834年法国里昂工人两次武装起义，二是1836至1848年的英国宪章运动，三是1844年德国西里西亚纺织工人武装起义。在这三次大规模的运动中，虽然工人明确宣布反对私有制，提出了独立的政治要求，在发动工人的规模、斗争的形式、斗争的要求等方面都有很大的进步，但是，由于没有科学理论的指导，没有无产阶级政党的领导，这三大工人运动都先后以失败告终。

为了指导工人运动，马克思和恩格斯置身其中，并开展了大量的理论研究工作。1847年6月，在马克思、恩格斯的支持与指导下，第一个国际性的无产阶级政党——共产主义者同盟成立，共产主义者同盟以科学社会主义为指导思想，团结工人积极参加革命运动。为了配合共产主义者同盟的活动，需要成立便于公开活动并进行科学社会主义思想宣传的工人协会，马克思、恩格斯认为："在这些公开的工人协会后面进行领导的'同盟'，既把协会用做公开宣传活动的极为方便的场所，另一方面，又从中吸收非常能干的成员来充实和发展自己。"[①] 在马克思、恩格斯的倡议下，1847年8月，德意志工人协会在比利时布鲁塞尔成立。1847年12月，马克思在布鲁塞尔德意

①《马克思恩格斯全集》第19卷，北京：人民出版社，2006年，第136页。

志工人协会举办的政治经济学讲座中发表了几次演讲，深刻剖析了资本主义经济制度与经济关系的本质，揭露了资产阶级剥削工人的秘密，对提高工人的政治觉悟，抵制当时存在的皮埃尔-约瑟夫·蒲鲁东和路易·勃朗（两人为法国小资产阶级社会主义者——编者注）散布的阶级调和与阶级合作的错误思潮具有重要意义。

三、为批判当时错误的政治经济学观点

19世纪40年代，工人阶级的运动受到了各种错误思潮的影响，如蒲鲁东和勃朗鼓吹的"要维护穷人的利益……也要维护富人的利益，也就是维护所有人的利益"，麻痹了无产阶级。1848年6月，马克思在德国科隆创办《新莱茵报》，在担任主编期间，通过评论革命运动中出现的一系列问题，既批判错误思潮对工人运动的不利影响，又总结工人运动的经验和教训，以此指导和推动工人运动的发展。《雇佣劳动与资本》的内容就是这个时期在《新莱茵报》上连续刊载的，主要是为了让工人阶级认清在资本主义制度下，无产阶级与资产阶级相互对立的经济关系，以及无产阶级被剥削的秘密和所处的阶级地位，让无产阶级明确自身承担着的斗争使命和历史责任。同时也为了让工人们从根本上认识无产阶级与资产阶级相互对立的经济关系，驳斥有些人认为马克思没有论述这些经济关系的错误责难。

马克思明确指出："现在，在我们的读者看到了1848年以波澜壮阔的政治形式展开的阶级斗争以后，我们想更切近地

考察一下经济关系本身，也就正当其时了。”[①]向工人阶级宣传工人遭受剥削与压迫的根源，即资产阶级生存及阶级统治基础的资本主义经济关系，对科学指导工人运动具有重要意义。面对资产阶级无穷尽的压榨和剥削，无产阶级该如何通过政治经济学的科学理论，了解资本主义剥削的本质，了解资本与雇佣劳动之间相互产生又相互制约的矛盾关系，如何以科学的方式争取自身的自由与解放，首先需要从认识和分析产生这些问题的经济关系入手。可以说，《雇佣劳动与资本》这本著作是在尖锐的阶级矛盾的背景下、火热的观点论战的环境中产生的，在那个年代不仅意义重大，而且确实是正当其时。

四、马克思主义政治经济学的早期著作

虽然在19世纪40年代，马克思还没有完成他的政治经济学批判工作，还未提出后来的科学的剩余价值理论体系，但是，这本论著以劳动价值论为理论基础，对资本主义经济关系展开分析，是对资本主义社会与经济关系的科学把握。1843年，在《黑格尔法哲学批判》导言的写作中，马克思从研究哲学问题联系到了政治经济学，“对宗教的批判变成对法的批判，对神学的批判变成对政治的批判”[②]，在后来的论述中也特别说明了对市民社会的解剖应该到政治经济学中去寻求。为了批判资本主义的经济制度，马克思从1843年底开始研究政治经济学；为了研究资本主义经济的基本问题，马克思阅读了亚当·斯密、大卫·李嘉图、詹姆斯·穆勒、让·巴蒂斯特·萨伊、吉

①《马克思恩格斯选集》第1卷，北京：人民出版社，2012年，第328页。
② 同①，第2页。

亚姆·普雷沃等人的大量经济学著作，他不仅注重对资本主义经济问题的分析，也注意对科学社会主义、共产主义的考察。

马克思在1844年4月至8月完成的《1844年经济学哲学手稿》中，通过对资产阶级经济学的评述和对资本主义经济关系的分析，详细阐述了“异化劳动”的概念，以此为基础分析和论述了私有财产的本质及对私有财产的扬弃与批判。马克思阐述的异化劳动是指在资本主义的经济制度之下，雇佣工人的劳动异化为被资本家奴役的对象，从而产生工人同自己的劳动产品相异化，工人同自己的生命活动相异化，人同自己的类本质相异化以及人同人相异化的必然结果。在异化劳动的过程中，雇佣工人生产出同自己敌对的、排斥的生产对象和生产关系，同时这种经济制度产生了人与人之间，即资本家与雇佣工人的关系。在《1844年经济学哲学手稿》中，马克思曾论述过雇佣劳动与资本的关系，他指出：“工人不幸而成为一种活的、因而是贫困的资本，这种资本只要一瞬间不劳动便失去自己的利息，从而也失去自己的生存条件。”[①]劳动和资本二者相互产生又相互制约，起初是积极地相互促进，形成直接或者间接的统一，但是，随着资本的不断扩大，劳动和资本逐步分离和异化，最终形成了绝对性的对立。可以说，工人的贫困同他劳动所生产的产品数量成反比。“工人生产的财富越多，他的产品的影响和规模越大，他就越贫穷。工人创造的商品越多，他就越变成廉价的商品。”[②]《1844年经济学哲学手稿》在马克思整个政治经济理论体系中还只是胚胎和萌芽阶段，具有

---

①《马克思恩格斯文集》第1卷，北京：人民出版社，2009年，第170页。

② 同①，第156页。

明显的过渡性质，但对于剖析资本主义基本经济制度，分析资本主义生产关系具有重要意义。《雇佣劳动与资本》是继《1844年经济学哲学手稿》之后的又一部政治经济学论著，在后者涉及的“资本与劳动”这一资本主义经济关系的重要基础上进行的详细分析和论证。

此外，在《雇佣劳动与资本》发表之前，为了批判蒲鲁东在1846年发表的《贫困的哲学》，马克思于1847年出版了《哲学的贫困》一书，这也是马克思主义政治经济学的重要论著，可以看作是《资本论》的萌芽之作，在其中包含的分析价值与剩余价值的内容中，马克思批判了蒲鲁东没有分清生产商品的必要劳动时间、劳动价值、生产费用和工资而将其混淆在一起的情况，并指出，在资本主义生产关系中，劳动是能产生剩余价值的特殊商品，资本与劳动的对立产生于剩余价值的生产过程。

马克思于1847年在布鲁塞尔对工人发表的关于雇佣劳动与资本的演讲与1849年在《新莱茵报》以社论形式刊载的《雇佣劳动与资本》，便是在《1844年经济学哲学手稿》与《哲学的贫困》这两本论著的基础上，对资本主义经济关系进一步深入思考的背景下完成的。

在中国，《雇佣劳动与资本》最早是于1919年5月9日至6月1日在北京《晨报》上以《劳动与资本》为题发表的。在报纸上被刊载之后，《雇佣劳动与资本》的中译本于1921年由人民出版社出版发行:《工钱劳动与资本》，译者为袁让。1929年，朱应祺、朱应会合译出版了《工资劳动与资本》。1939年，延安解放出版社出版的《政治经济学论丛》收有《雇佣劳动与资本》。1939年8月，生活书店出版了沈志远翻译的《雇佣劳动与资本》。1954年，莫斯科外国文书籍出版局出版发行的《马克思恩格斯文选》两卷集收入了《雇佣劳动与资本》以及恩格斯写的《导言》。之后，1961年中央编译局编译的《马克思恩格斯全集》、1972年版与1995年版《马克思恩格斯选集》、2009年版《马克思恩格斯文集》、2012年版《马克思恩格斯选集》都收入了《雇佣劳动与资本》和恩格斯写的《导言》。本书参考的是人民出版社于2012年出版的《马克思恩格斯选集》第1卷中的版本。

知识链接 ……………………………………………………

★ 布鲁塞尔德意志工人协会 ★

布鲁塞尔德意志工人协会全称是布鲁塞尔德意志工人教育协会（以下简称协会），是马克思和恩格斯于1847年8月底在比利时布鲁塞尔建立的德国工人团体，旨在对侨居比利时的德国工人进行政治教育，并向他们宣传共产主义思想。在马克思、恩格斯及其战友的领导下，协会成了团结侨居比利时的德国革命无产者的合法中心，并同佛兰德和瓦隆的工人俱乐部保持着直接的联系。协会中的优秀分子可以加入共产主义者同盟的布鲁塞尔支部。协会在布鲁塞尔民主协会成立过程中发挥了出色的作用。1848年法国资产阶级二月革命之后不久，由于协会成员被比利时警察当局逮捕或驱逐出境，协会在布鲁塞尔的活动即告停止。

★《新莱茵报》★

《新莱茵报·民主派机关报》(Neue Rheinische Zeitung. Organ der

Demokratie)是马克思、恩格斯创办的大型政治性日报，简称《新莱茵报》，1848年6月1日至1849年5月19日，每日在德国科隆出版，马克思任主编；参加编辑部工作的有恩格斯、威·沃尔弗、格·维尔特、斐·沃尔弗、恩·德朗克、斐·弗莱里格拉特和亨·毕尔格尔斯。

《新莱茵报》是在欧洲革命的高潮中诞生的，它的出版具有极其重要的意义。恩格斯说，在每一个党、特别是工人党的生活中，第一张日报的出版总是意味着大大地向前迈进了一步！这是它至少在报刊方面能够以同等的武器同自己的敌人作斗争的第一个阵地。报纸发表的有关德国和欧洲革命的重要观点的社论，通常都是由马克思和恩格斯执笔。尽管遭到当局的种种迫害和阻挠，《新莱茵报》仍然英勇地捍卫了革命民主主义运动和无产阶级的利益。1849年5月，在反革命势力全面进攻的形势下，普鲁士政府以马克思没有普鲁士国籍为借口，把他驱逐出境，同时又加紧迫害《新莱茵报》的其他编辑，该报被迫停刊。1849年5月19日，《新莱茵报》用红色油墨印出了最后一号即301号。报纸的编辑部在致科隆工人的告别书中写道："无论何时何地，他们的最后一句话始终将是：工人阶级的解放！"《新莱茵报》仅仅存在了354天，共出版报纸301号。但是，《新莱茵报》在无产阶级报刊史上树起了一座丰碑，列宁称赞其为"革命无产阶级最好最卓越的机关报"。

★异化与异化劳动★

马克思在手稿中往往并列使用两个德文术语"Entfremdung"（异化）和"Entäußerung"（外化）来表示异化这一概念。马克思著作中的"异化"概念与德国古典哲学的异化概念有着本质的区别，马克思在批判地改造德国古典哲学的异化概念的基础上，提出了异化劳动理论，以此分析资本主义的社会生产关系。私有财产的存在导致异化劳动的产生，而异化劳动从本质上说是资本支配的结果，这种支配直接导致人与劳动产品的异化，人与人的本质的异化，人与人关系的异化，导致劳动者生产出一个与自己相对立、相异化的对象世界。马克思指出："通过异化劳动，人不仅生产出他对作为异己的、敌对的力量的生产对象和生产行为的关系，而且还生产出他人对他的生产和他的产品的关系，以及他对这些他人的关系。"异化劳动给工人阶级和整个人类带来了灾难性的后果，只有摒弃产生异化劳动的资本主义经济关系，消除异化劳动，才能实现人的解放。

延伸阅读

（1）《剩余价值理论》，《马克思恩格斯全集》第26卷，北京：人民出版社，1972年，第3—45页。

（2）顾海良：《马克思经济学体系的结构》，《光明日报》2014年1月29日。

（3）张宇：《怎样认识当代资本主义新特征》，《人民日报》2013年11月10日。

深度思考

（1）为什么恩格斯要为《雇佣劳动与资本》的1891年新版单行本撰写导言？

（2）为什么说《雇佣劳动与资本》没有体现马克思的政治经济学批判工作的完成？

（3）如何认识《雇佣劳动与资本》在指导工人运动中的作用？

Reading & Interpretation
大家写小书·马恩经典著作新读

第 二 章
内容介绍

本书主要阐述的内容包括恩格斯写的1891年单行本《导言》与马克思的《雇佣劳动与资本》。

《导言》是恩格斯为1891年重新出版《雇佣劳动与资本》所写的，他根据《资本论》的基本观点对《雇佣劳动与资本》进行了适当修改和补充。在《导言》中，恩格斯不仅阐述了修改和补充的理由，还论述了马克思主义政治经济学的科学价值。《导言》共24个自然段，主要从三个方面进行阐述。其一，阐述了《雇佣劳动与资本》的发表过程，以及他在1891年重新出版《雇佣劳动与资本》时对其进行的修改；其二，指出古典政治经济学没有因为区别劳动的价值与劳动力的价值而走向破产；其三，指出马克思区分了劳动与劳动力，为揭示剩余价值的来源和资本主义剥削的本质提供了认识基础。

《雇佣劳动与资本》是马克思早期的政治经济学论著，他通过辩证唯物主义和历史唯物主义的运用和对工资、资本的论述，分析了资本主义社会中的经济关系，阐明了以剥削雇佣劳动为基础的资本主义生产关系的实质，深刻揭示了资本与雇佣劳动、工人与资本家截然对立的利益关系。

《雇佣劳动与资本》共134个自然段，本章将概括其主要内容，从多方面对多个问题进行解答。先阐明《雇佣劳动与资本》的论述主题及计划，再提出几个相关问题及概念，包括什么是工资，工资是怎样决定的，什么是资本，资本与雇佣劳动的关系，生产资本增长对雇佣工人产生的影响，生产资本增长怎样影响雇佣工人的工资。

一、恩格斯《导言》主要内容介绍

《导言》是恩格斯专门为此单行本而写的，读懂《导言》，有利于更好地理解马克思的原著。

1. 阐述了《雇佣劳动与资本》的发表过程以及1891年重新出版原著时的修改

恩格斯指出，《雇佣劳动与资本》是马克思从1849年4月5日起以社论的形式发表于《新莱茵报》上的政治经济学论著。虽然这部著作没有全部刊载完成，它的续稿也始终未发现，但它以小册子的形式小规模出版过几种单行本。1891年，基于在工人阶级中进行宣传的原因，需要新刊印一万册。恩格斯一开始认为，《雇佣劳动与资本》作为马克思主义政治经济学理论发展阶段的一部著作，应保持原状，不必修改，但后来考虑到新刊印的版本专为对工人进行宣传之用，而旧版本中有些用词和语句与后期的著作比较而言是不妥当的。因此，为了让广大工人能更好理解马克思主义政治经济学的基本原理，便对原著进行了修改。关于修改的内容，恩格斯说："我所作的全部修改，都归结为一点。在原稿上是，工人为取得工资向资本家出卖自己的劳动，在现在这一版本中则是出卖自己的劳动力。"①关于修改的原因，恩格斯指出："这里并不是单纯的咬文嚼字，而是牵涉到全部政治经济学中一个极重要的问题。"②虽然马克思起初沿用了资产阶级经济学家关于工人出卖自己劳动的说法，但是，后来他发现工人出卖的是自己的劳

①《马克思恩格斯选集》第1卷，北京：人民出版社，2012年，第318页。

② 同①。

动力，这也为他揭示剩余价值的秘密奠定了重要基础。正如他后来在《工资、价格和利润》中解释的："'劳动的价值'这一用语，我不过是把它当做表示'劳动力价值'的通常流行的名词罢了。"[1]

2. 指出古典政治经济学由于没有区别劳动的价值与劳动力的价值而走向破产

恩格斯指出，古典政治经济学认为资本家购买的是工人的劳动，偿付的工资是工人劳动的报酬，但如果这被"搬到政治经济学中去，就在那里造成了不可思议的谬误和混乱"[2]。经济学的首要任务之一就是找到商品的价格围绕稳定轴心波动的规律，关于这点，古典经济学已经发现"商品的价值是由商品所包含的、为生产该商品所必需的劳动来决定的。古典经济学满足于这样的解释"[3]。但是，当古典经济学家将价值由劳动来决定的这个观点应用到"劳动"这个商品中时，他们马上就陷入一连串的矛盾之中，如关于劳动的价值是什么决定的，于是他们另找出路认为，劳动的价值是劳动的生产费用。由于不能确定劳动的价值，他们也回答不出来，就偷换了概念，转而考察工人的生产费用。然而，他们也不能解决工资是否为劳动价值的基本问题，而且，在他们所举的例子中可以发现，同一劳动具有两个极不相同的价值，即："对于工人说来，12小时劳动的价值是3马克；对于资本家说来却是6马克，资本家从这6马克中拿出3马克作为工资付给工人，而其余3

①《马克思恩格斯选集》第2卷，北京：人民出版社，2012年，第51页。
②《马克思恩格斯选集》第1卷，北京：人民出版社，2012年，第319页。
③ 同②。

马克则装进了自己的腰包。"[1]由此可以看出，资本家支付给工人的工资，并不是劳动的价值。"只要我们还是讲劳动的买卖和劳动的价值，我们就不能够摆脱这种矛盾。"[2]

3. 指出马克思区分了劳动与劳动力，为揭示剩余价值的来源和资本主义剥削的本质提供认识基础

恩格斯认为："古典经济学走入了绝境。从这种绝境中找到出路的那个人就是卡尔·马克思。"[3]这是因为马克思第一次区分了劳动与劳动力。恩格斯指出："经济学家所看做'劳动'生产费用的，并不是劳动的生产费用，而是活的工人本身的生产费用。"[4]劳动与劳动力有着本质区别，工人出租或者出卖的只是自己的劳动力。因而，资本家付给工人的工资，不是工人劳动的价值，而是自身劳动力的价值的货币价格。恩格斯指出："那些最优秀的经济学家从'劳动'价值出发而无法解决的困难，一到我们把'劳动力'价值作为出发点，就消失不见了。"[5]那么，劳动力的概念与劳动相比究竟有何不同呢？在劳动的过程中，劳动力是一个完全特殊的商品——"它是创造价值的力量，是价值的源泉，并且——在适当使用的时候——是比自己具有的价值更多的价值的源泉。"[6]也就是说，在资本主义社会中，工人劳动的时候能创造出比自身价值更大的价值，资本家按照劳动力的价值支付给工人工资之后，还剩余一个

---

①《马克思恩格斯选集》第1卷，北京：人民出版社，2012年，第322页。

② 同①。

③ 同①，第323页。

④ 同①，第323页。

⑤ 同①，第324—325页。

⑥ 同①，第325页。

余额，这就是剩余价值。资本家无偿占有了工人创造的剩余价值，这就是资本主义剥削的本质。马克思认为，在资本主义的社会制度中，随着新的科技发明不断出现，社会生产率不断提高，"社会分裂为人数很少的过分富有的阶级和人数众多的无产的雇佣工人阶级，这就使得这个社会被自己的富有所窒息，而同时社会的绝大多数成员却几乎没有或完全没有免除极度贫困的任何保障。社会的这种状况日益显得荒谬，日益显得没有存在的必要。这种状况应当被消除，而且能够被消除。一个新的社会制度是可能实现的，在这个制度之下，当代的阶级差别将消失"①，"一个新的社会制度"即共产主义制度即将来临。

二、《雇佣劳动与资本》的论述主题及计划

马克思在《雇佣劳动与资本》开头的论述中，针对"各方面的责难"，即"说我们没有叙述构成现代阶级斗争和民族斗争的物质基础的经济关系"②，他指出，要考察阶级斗争和民族斗争的同时还必须考察当时社会的经济关系，因为经济关系是构成阶级斗争和民族斗争的物质基础，而阶级斗争则是经济关系的深刻反映。他们不是没有提这种经济关系，而是在政治冲突直接凸显的时候，才会专门去阐述这种经济关系。

19世纪中叶，西欧资本主义已经进入机器大生产的阶段，资本主义经济迅速发展，无产阶级的力量也逐步壮大。虽然当时西欧发生的是资产阶级性质的革命，但无产阶级已在革

①《马克思恩格斯选集》第1卷，北京：人民出版社，2012年，第326页。

② 同①，第327页。

命中发挥重要作用。随着资产阶级与无产阶级的矛盾日益尖锐，无产阶级与资产阶级的阶级斗争也在各个国家逐渐兴起。1848年爆发的法国二月革命、维也纳与普鲁士的三月革命等，面对无产阶级推进革命的要求，资产阶级与反动势力相勾结并残酷镇压无产阶级的事实，导致革命的果实被资产阶级窃取。根据这些革命的经验，马克思得出："任何一次革命起义，不论它的目的显得离阶级斗争有多么远，在革命的工人阶级没有获得胜利以前，都是注定要失败的。"[①]1848年西欧各国革命实践的失败教训，特别是资产阶级的软弱妥协及其自身利益的限制，让无产阶级打破了对资产阶级的幻想，资产阶级与无产阶级的阶级性质决定了双方必然走向对立的道路。这正是政治冲突直接凸显的时候，所以马克思认为："我们想更切近地考察一下经济关系本身，也就正当其时了。"[②]这既是马克思写作《雇佣劳动与资本》的主题，也是这本著作需要研究和解决的问题，即揭示资产阶级生存及统治基础的经济关系。

那么，马克思计划如何阐述这一问题呢？"我们分三大部分来加以说明：（1）雇佣劳动对资本的关系，工人遭受奴役的地位，资本家的统治；（2）各个中间市民阶级和所谓的市民等级在现存制度下必然发生的灭亡过程；（3）欧洲各国资产者阶级在商业上受世界市场霸主英国的奴役和剥削的情形。"[③]从上述的引文中可以看到，马克思原本计划按三大部分来论

①《马克思恩格斯选集》第1卷，北京：人民出版社，2012年，第327页。

② 同①，第328页。

③ 同①，第328页。

述资本主义的经济关系，而《雇佣劳动与资本》只是这个计划的第一部分。也就是说，雇佣劳动与资本之间的关系是他对经济关系展开研究和论述的基本问题，也是研究后两个问题前必须先解决的问题。只有弄清楚了资本与雇佣劳动之间的关系，揭开资本主义经济关系的神秘面纱，才能弄清楚“中间市民等级”在现存制度中走向灭亡的过程，才能从世界整体的角度分析欧洲各国在商业上受世界霸主英国剥削和奴役的根源。尽管《雇佣劳动与资本》可作为马克思研究计划的第一部分，但就连载文章结尾处的“待续”来看，这所谓的第一部分甚至还没写完。虽然如此，《雇佣劳动与资本》阐述的“雇佣劳动”“工资”“资本”以及它们之间的关系，对我们分析资本主义制度的生产关系，揭示剩余价值的来源等，仍具有重要的理论价值和现实意义，所以，《雇佣劳动与资本》是马克思主义政治经济学的重要著作，需要我们不断学习和研究。

三、《雇佣劳动与资本》阐述的相关问题及概念

（一）什么是工资

为了批判资本主义经济制度，马克思从分析工人工资的实质出发，揭露了工人被工资形式所掩盖的资本主义剥削的本质。马克思用通俗易懂的语言与从现象到本质的分析方法，从三个方面由浅入深地阐述了工人工资的来源、性质与实质。

1. 工资的实质是劳动力价格的特种名称

马克思在《雇佣劳动与资本》中提到，“假如问工人们：‘你们的工资是多少？’那么一个工人回答说：‘我做一天工从我的

雇主那里得到一马克’”[1]，那么，一马克就是工人从雇主那里获得的工资。从现象上分析，“工资是资本家为一定的劳动时间或一定的劳动付出而偿付的一笔货币”[2]。工人为雇主工作看起来是一种自愿的经济活动，支付工人工资看起来也是一种合理的经济行为。正是这种假象，让人们以为工人与雇主之间的关系是正常且共赢的合作关系。为了揭露以“工资”的形式使剥削得以合法化的本质，马克思指出，工人“为了货币而向资本家出卖的东西，是他们的劳动力”[3]。关于劳动力与劳动的区别，恩格斯在《导言》中曾这样论述：资本家以一定的货币购买工人一定时间期限的劳动力，工人得到这些货币，这同资本家花一定的货币购买其他商品在本质上一样的。所以，马克思说：“可见，劳动力是一种商品……前者是用钟点来计量的，后者是用重量来计量的。”[4]

这种以货币交换工人劳动力的情况就是经常发生的雇佣活动。工人为了生计，用自己的劳动力交换一定的货币，然后再用这些货币去换取生活所需的食物、衣物等必需品。由此可以看出，作为工资的货币所表现出的是劳动力的交换价值。通常情况下，货币是用来衡量商品价值的一般等价物，即商品的价格。用马克思的话来说，用来支付工人的工资就是“劳动力价格的特种名称”[5]，这种特种名称只是用于描述雇佣工人所交换的劳动力的价格。马克思通过劳动力价格的说法

①《马克思恩格斯选集》第1卷，北京：人民出版社，2012年，第328页。

② 同①，第329页。

③ 同①，第329页。

④ 同①，第329页。

⑤ 同①，第330页。

描述了工资的实质内涵，这也就是马克思后来在《资本论》第二卷中所说的："工资的形式消灭了工作日分为必要劳动和剩余劳动、分为有酬劳动和无酬劳动的一切痕迹。全部劳动都表现为有酬劳动。"[①]工资以劳动报酬的形式掩盖了资本家剥削工人剩余价值的本质，马克思则通过分析工资的实质，尖锐地揭穿了资本主义剥削制度的假象。

2. 工资是资本家购买的生产性劳动力的一部分

劳动力是一种商品，是雇佣工人出卖给资本家的一种商品。针对资产阶级经济学家认为"工资是工人在他所生产的商品中占有的一部分"的谬论，马克思运用织布工人工资的事例，简单而通俗地证明了绝不是那回事。资本家付给织布工人的工资绝不是他的劳动产品的一部分。因为，一方面，工人的工资是在其生产的产品卖出之前就可能已经得到了，资本家付给工人的工资是原来自己储备的货币，而不是卖出的产品所赚到的货币；另一方面，无论资本家在这项生产活动中是亏损还是盈余，他都要支付工人工资，这也证明了工人的工资与工人生产的产品无直接联系。

从本质上说，工人的工资是资本家为购买工人的劳动力所付出的一笔货币，这里的劳动力是从事生产性劳动的劳动力。劳动力在被资本家购买后就完全属于资本家所有，它的性质同资本家购买的原料或者劳动工具完全一样，资本家将其购买之后，只是用这种生产性劳动力从事他的营利性生产活动。资本家将劳动产品卖出去之后，工人没有权利获得产

①《马克思恩格斯选集》第2卷，北京：人民出版社，2012年，第245页。

品的利润，因为他早已被划为劳动工具之列，“在产品中或在产品价格中是没有份的”[①]。

马克思揭示了在资本主义生产关系中资本家和工人处于不平等的地位，驳斥了资产阶级经济学家所宣传的工人阶级和资产阶级的利益是一致的谬论，并指出，工人是从属于资本家并为其进行生产的劳动力，资本家付给工人的工资“是原有商品中由资本家用以购买一定量的生产性劳动力的那一部分”[②]。马克思在《雇佣劳动与资本》中的这些论述不仅说明了工资的根本性质，也揭示出工人阶级和资产阶级在利益上是对立的。

3. 工人从属于整个资本家阶级

以出卖劳动力为唯一收入来源的工人，为了谋生，将自己的劳动力出卖给资本家，在这里劳动力就成了一种商品。但“劳动力并不向来就是商品”[③]，劳动力成为商品是在特殊的历史条件下且具备两个条件时才会成立：“一方面，工人是自由人，能够把自己的劳动力当做自己的商品支配，另一方面，他没有别的商品可以出卖，自由得一无所有，没有任何实现自己的劳动力所必需的东西。”[④]这两个条件决定了工人为了生存需要从属于资本家阶级的必然趋势。从人的自然属性来看，劳动是一个人生命活动的具体体现，但是，劳动力作为一种商品被卖给资本家以后，这种生产性劳动就变成了谋生的手段，

①《马克思恩格斯选集》第1卷，北京：人民出版社，2012年，第331页。

② 同①。

③ 同①，第332页。

④《马克思恩格斯选集》第2卷，北京：人民出版社，2012年，第164页。

而不是生活了。对工人来说，从事劳动就是牺牲自己的生活，而只有“当他坐在饭桌旁，站在酒店柜台前，睡在床上的时候，生活才算开始”[①]。

马克思在《1844年经济学哲学手稿》中指出：“劳动为富人生产了奇迹般的东西，但是为工人生产了赤贫。劳动生产了宫殿，但是给工人生产了棚舍。劳动生产了美，但是使工人变成畸形。”[②]在资本主义生产条件下，工人表面上是自由的，但是，他们却离不开资产阶级，因为资本主义私有制使工人阶级除了拥有自己的劳动力外，不占有任何生产资料。为了不被饿死，工人只能在资本主义生产关系中出卖自己的劳动力换取自己的生活机会。所以，以出卖劳动力为收入唯一来源的工人，从依附关系上看只能从属于资产阶级，并且只有推翻资本主义制度才能改变这种状况。

（二）工资是怎样决定的

在对第一个问题的解释中，已经说明劳动力是一种商品，工资是劳动力价格的特种名称。马克思在阐述工资由什么决定时，首先讨论的是商品的价格由什么决定，再根据商品价格决定因素的一般规律推出作为特殊商品的工资由什么决定。这种从一般到特殊的分析方法，能使我们更好地理解工资的决定因素，揭示资本主义经济关系中工资的奥秘。

1. 商品的价格是由供给与需求之间的关系决定的

马克思在《雇佣劳动与资本》中，详细论述了商品价格由买者与卖者之间的竞争即需求方与供给方之间的竞争决定。

---

①《马克思恩格斯选集》第1卷，北京：人民出版社，2012年，第332页。

② 同①，第53页。

这种竞争主要体现在三方面，一是卖者之间的竞争，二是买者之间的竞争，三是买者与卖者之间的竞争。卖者与卖者之间存在竞争的原因在于为了获得商品的价值，双方都想把商品卖出去，但是，同种质量的商品，谁的价格低，谁就有优势，于是卖者之间便发生了竞争，这种竞争最终会导致商品价格的降低。同样，买者与买者为了获取商品的使用价值，二者之间必然也存在着竞争关系，这种竞争提高了商品的价格。买者与卖者之间竞争的发生源于围绕商品都想在交易中获得有利于自己的最大收益，二者竞争的结果，或是降低商品价格，或是提高商品价格。

其中，最终决定商品价格的因素在于供给方和需求方谁占据优势，如果整个商品的供给低于需求，那么买者之间的竞争必然加大，卖方市场导致的买者之间竞争的程度决定了商品价格上涨的幅度。同理，如果商品的需求低于供给，买方市场导致的卖者之间的竞争程度决定了商品价格下降的幅度。马克思主义政治经济学指出，受供求关系影响，商品价格围绕价值上下波动，是价值规律的表现形式。所以，供给与需求的关系决定着商品的价格。

2. 商品的价格本质上是由生产商品的必要劳动时间决定的

马克思在《雇佣劳动与资本》中首先指出了商品的价格由供求关系决定，那么，供给与需求的关系又是由什么决定的呢？马克思通过对资产者盈利的不同事例的分析，引入衡量利润的尺度，即商品的“生产费用”这个概念。关于生产费用，马克思认为，对不同主体而言，其所包含的含义不同，资本家所认为的生产费用指的是包括劳动力价格在内的所有成本费用，而马克思认为，对于社会来说，商品的生产费用则是由商品中所包含的社会必要劳动时间决定的。资本家“以生产费用作为零度”①，来观测在商品生产活动及交易活动中利润的多少。

商品的价格总是围绕着供求关系的变化上下波动。如果一种商品的价格上涨，则会有大量资本涌入这个繁荣的产业部门，从事商品的生产与供给，商品的价格会随着生产过剩而下跌，直到该产业部门的利润跌至产业的平均水平。也就是说，在生产费用为零度的前提下，该产业部门的商品价格将跌至商品的生产费用即零度以下。反之，如果一种商品的价格跌至生产费用以下，资本就会从该产业部门流出，产业随之衰亡，商品的供给缩减，直到该商品的供给与需求相适应为止，由此说明生产费用是决定供求关系的杠杆。

为什么说商品的价格与商品的生产费用有着直接联系？马克思说，“供给和需求的波动，总是会重新把商品的价格引导到生产费用的水平”②，即供求关系带去资本的涌入与流出所导致的产业部门的兴衰，会引起利润的变化，从而使“商品的实际价格始终不是高于生产费用，就是低于生产费用；但是，上涨和下降是相互补充的”③。从长期来看，商品就是依照生产费用而交换的，因此，商品的价格是由生产费用决定的，当然这是针对整个产业和社会而言的。

---

①《马克思恩格斯选集》第1卷，北京：人民出版社，2012年，第335页。

② 同①，第336页。

③ 同①，第336页。

接着，马克思开始分析生产费用的构成，他指出，生产费用主要包括原料、生产工具、直接生产性劳动的费用，而原料和生产工具的生产从根本上说是消耗了一定数量的劳动时间的，直接生产性劳动同样以时间计量，换句话说，生产商品所需要的物化劳动与活劳动的消耗都是以劳动时间来计量的。因此，商品的价格从本质上说是由商品的生产费用即生产商品的必要劳动时间决定的。

3. 工资是由劳动力的生产费用决定的

马克思指出："调节一般商品价格的那些一般的规律，当然也调节工资，即调节劳动价格。"[①]也就是说，工资即劳动价格的高低也是以供给与需求的关系为转移的。从根本上说，"劳动的价格是由生产费用即为创造劳动力这一商品所需要的劳动时间来决定的"[②]。就劳动力的供求关系来看，劳动力的供给体现在具有劳动能力的人的数量与素质水平上，随着各生产部门的生产调整与生产力水平的变化，社会对劳动力的需求也在不断变化之中，这种劳动力供求关系的变化则直接影响着劳动者工资水平的高低。

本质上，劳动力的生产费用决定着劳动价格即劳动者的工资水平，那么，劳动力的生产费用到底是什么呢？马克思指出，"是为了使工人保持其为工人并把他训练成为工人所需要的费用"[③]。资本家要雇佣某种工人，如果这种工人从事的劳动所需要的训练时间越少，那么工人的工资就越低，在那些不

---

①《马克思恩格斯选集》第1卷，北京：人民出版社，2012年，第338页。

② 同①。

③ 同①。

需要任何特殊技能，即不需要任何训练的劳动中，劳动者的工资可看作是维持工人具备简单劳动能力所需要的一种商品费用。但工人不仅需要维持自己的生存，他还要延续后代，所以，“简单劳动力的生产费用就是维持工人生存和延续工人后代的费用”①，这也是在资本主义生产关系中工人的最低工资额，这种最低工资额不是针对单个工人，而是针对整体来说的。马克思在之后写于1865年的著作《工资、价格和利润》中更鲜明地指出：“劳动力的价值，是由生产、发展、维持和延续劳动力所必需的生活必需品的价值决定的。”②这就高度概括了工人工资的三个主要组成部分：一是培训工人掌握某种工作能力的费用，二是维持工人生存所需要的生活资料的价值，三是工人延续后代所需要的费用。

知识链接 ……………………………………………………

★ 物化劳动和活劳动 ★

物化劳动是存在于空间的劳动，是过去的劳动；活劳动是存在于时间中的劳动，是现在的劳动。马克思在《经济学手稿(1861—1863年)》的“货币转化为资本”一章的论述中指出，“唯一与物化劳动相对立的是非物化劳动，活劳动”，“前者体现在使用价值中，后者作为人的活动进行着，因而还只处于它物化的过程中；前者是价值，后者创造价值”。物化劳动和活劳动的差别，表现在现实劳动过程中，活劳动是创造价值的劳动，是价值的唯一源泉，“物化劳动在劳

①《马克思恩格斯选集》第1卷，北京：人民出版社，2012年，第339页。
②《马克思恩格斯选集》第2卷，北京：人民出版社，2012年，第47页。

动过程中表现为实现活劳动的物质要素、元素”。活劳动同对象化劳动的交换，即社会劳动确立为资本和雇佣劳动这二者对立的形式，是价值关系和生产关系的最后发展。

（三）什么是资本

马克思在论述资本的本质时，首先批判了资产阶级经济学家脱离资本主义生产关系来对“资本”进行定义的错误思想。这种脱离社会与经济关系的定义，掩盖了资本主义剥削的本质。马克思将资本放入资本主义生产关系之中考察，揭示了资本与物的本质区别。

1. 资本只有在一定的社会关系下才能成为资本

资产阶级经济学家认为“作为进行新生产的手段的积累起来的劳动就是资本”①，这种对资本的解释虽然说明了资本的组成成分及基本属性，但是，这种解释跟说“黑奴就是黑种人”一样，没有透过现象看到本质。黑人只是一个人种的名称，资产阶级经济学家所说的“资本”也只是被描述为一种积累起来的普通劳动，两个说法的荒谬之处在于，它们都脱离了一方剥削压榨另一方的社会关系。

在社会生产中，人不是独立于社会而存在的个体，人不仅在影响人类社会与自然界，而且人与人之间也在发生联系并互相影响。从另一方面来说，只有在一定的社会关系范围内人与人之间产生影响，才会有生产。马克思指出，这种社会关系会随着生产资料性质的变化而有所不同。资本正是随着社

①《马克思恩格斯选集》第1卷，北京：人民出版社，2012年，第339页。

会生产力的发展，在产生一定的社会关系的条件下才出现的，如果脱离了这种社会关系，就不会有资本的存在。资产阶级经济学家将资本与物等同起来的根本目的，是为了隐藏资本存在的原因以及资本主义与资本共存的剥削本质。因此，揭露资本主义生产关系的本质就是马克思主义政治经济学产生的目的之一。

2. 资本也是一种社会生产关系

上文提到，马克思认为资本只有在一定的社会关系下才能存在，各个人进行生产的社会关系即为社会生产关系。在社会发展的过程中，人类发展的每个历史阶段都会产生与之相适应的社会关系，也就是说，社会生产关系“是随着物质生产资料、生产力的变化和发展而变化和改变的”①，而从政治经济学意义上说，资本则是在人类历史发展中的一个特殊阶段产生的社会生产关系，即马克思指出的：“资本也是一种社会生产关系。这是资产阶级的生产关系，是资产阶级社会的生产关系。”②因为从经济学的角度看，构成资本的原料、劳动工具、生活资料，无论是用来进行新的生产，还是在不断积累过程中，都是在资本主义生产关系下进行的。可见，是这种生产关系造就了资本，并使那些用来进行生产的物品变成了资本。这也正是马克思在《资本论》第三卷中所指出的：“资本不是物，而是一定的、社会的、属于一定历史社会形态的生产关系。”③

---

①《马克思恩格斯选集》第1卷，北京：人民出版社，2012年，第340页。

② 同①，第341页。

③《马克思恩格斯选集》第2卷，北京：人民出版社，2012年，第644页。

3. 资本是一些商品即交换价值的总和，是能带来剩余价值的价值

从资本的物质形态看，它需要通过生活资料、劳动工具、原料等物质产品来表现；从资本的价值层面看，它是一些商品交换价值的总和。物质形态的资本在上文已有简单论述，下面主要从价值层面来分析资本的实质。马克思指出："资本所包括的一切产品都是商品。"[①]商品是一个笼统的概念，这也说明资本并不拘泥于某种具体的物质表现形式，而表现为"若干商品、若干交换价值、若干社会量的总和"[②]。在资本主义生产条件下，只要商品具有体现资本且与资本一样的交换价值，那么资本就可以通过不同的"躯体"来改变，而不会使资本的性质发生任何变化。在资本主义生产关系产生以前，商品的交换及其使用价值与交换价值的转移就已存在，但正如马克思所说的："虽然任何资本都是一些商品即交换价值的总和，但并不是任何一些商品即交换价值的总和都是资本。"[③]究其原因，则是资本与雇佣劳动关系的问题，即商品交换价值的总和究竟是如何变成资本的，这也是资本为什么能产生剩余价值的原因。

4. 资本的实质在于活劳动是替积累起来的劳动充当保存并增加其交换价值的手段

马克思对资本的论述与资产阶级经济学家有着根本的不同：资产阶级经济学家强调资本是积累起来的劳动这一最终

① 《马克思恩格斯选集》第1卷，北京：人民出版社，2012年，第341页。

② 同①。

③ 同①。

结果；马克思对资本的论述不局限于它的表现形式和最终形态，而主要强调这一过程中，资本支配和榨取活劳动，以此保存并增殖自己的本质。总之，“资本的实质并不在于积累起来的劳动是替活劳动充当进行新生产的手段。它的实质在于活劳动是替积累起来的劳动充当保存并增加其交换价值的手段。”[①]通过马克思的论述可以认识到，只有“当积累起来的、过去的、对象化的劳动支配直接的、活的劳动”[②]，即活的雇佣劳动处于被资产阶级支配的地位时，积累起来的劳动才会变成资本。因此，资本的实质必然与雇佣劳动相联系。

在《资本论》第二卷第一篇《资本的形态变化及其循环》中，马克思更为精炼的概括了资本的定义，即：“资本作为自行增殖的价值，不仅包含着阶级关系，包含着建立在劳动作为雇佣劳动而存在的基础上的一定的社会性质。它是一种运动，是一个经过各个不同阶段的循环过程，这个过程本身又包含循环过程的三种不同的形式。因此，它只能理解为运动，而不能理解为静止物。”[③]

本节阐述的资本的四个部分内容与上述定义相互印证，我们也可以从四个层面理解：第一，资本包含着特殊的社会性质，是一个社会的历史的范畴，而不是自然的永恒的范畴，资本只有在一定的社会关系中才能成为资本。第二，资本包含着阶级关系，即资产阶级对工人阶级的剥削关系。第三，资本是带来剩余价值的价值，是作为自己增殖的价值。第四，资本

①《马克思恩格斯选集》第1卷，北京：人民出版社，2012年，第342页。

② 同①。

③《马克思恩格斯选集》第2卷，北京：人民出版社，2012年，第322页。

是一种运动,这个运动是资本不断改变自己的存在形态而增殖的循环运动。

(四)资本与雇佣劳动的关系

马克思运用唯物史观说明了资本与雇佣劳动是资本主义社会的产物,他在英国宪章派报纸《人民报》创刊纪念会上的演说中指出,“在我们这个时代,每一种事物好像都包含有自己的反面。我们看到,机器具有减少人类劳动和使劳动更有成效的神奇力量,然而却引起了饥饿和过度的疲劳。……可是我们不会认错那个经常在这一切矛盾中出现的狡狯的精灵”[①]。这不仅反映了当时那个时代社会内部与经济关系存在着的矛盾,也是资本主义制度与生俱来并终将走向终结的根源。这里将从三个方面详细论述资本主义生产关系下资本与雇佣劳动的关系,即资本与雇佣劳动之间根本对立的剥削与被剥削的关系。

1. 资本的产生与存在以雇佣劳动为必要前提

马克思认为,资本不是一开始就存在的,它作为一种独立的社会力量,是以雇佣劳动的形成为前提条件的。雇佣劳动是劳动的一种历史形态,在资本主义制度下,劳动力与生产资料在所有权方面的分离意味着生产资料所有者自身不与生产资料结合,劳动者因生产资料被他人占有或因丧失生产资料而无法与生产资料结合。马克思在《资本论》第三卷中指出:“正是非劳动者对这种生产资料的占有,使劳动者转化为雇佣工人,使非劳动者转化为资本家。”[②]在这种社会生产关系的条件下,生产资料所有者即资本家雇佣劳动者,劳动者出卖劳动

①《马克思恩格斯选集》第1卷,北京:人民出版社,2012年,第776页。

②《马克思恩格斯文集》第1卷,北京:人民出版社,2009年,第49—50页。

力而产生雇佣劳动,由此形成资本主义生产关系。

同时,从第三个问题分析的资本的含义和实质来看,资本是在资本主义生产关系的条件下才产生的,且表现为支配活劳动,因此资本的产生离不开形成资本主义生产关系的雇佣劳动的存在,即雇佣劳动成为资本产生的必要前提。在这一过程中,雇主成为资本家,雇主的货币便成为资本,雇佣工人则是为资本家实现资本增殖的工具。从本质上看,资本以使自身增殖为根本目的,获得了工人及其劳动力的剩余价值,正如马克思在《资本论》第一卷中所说:“资本是死劳动,它像吸血鬼一样,只有吮吸活劳动才有生命,吮吸的活劳动越多,它的生命就越旺盛。”[①]可以看出,雇佣劳动不仅是资本产生与存在的前提条件,更是维持资本增殖的根本动力。这也体现了在资本主义生产关系中,资本离不开雇佣劳动,如果离开了雇佣劳动,即不通过剥削劳动力来获取剩余价值,资本必然走向灭亡。

2. 雇佣劳动又以资本为前提

雇佣劳动与资本是资本主义生产关系中的两个基本要素,二者之间的关系也是马克思在《雇佣劳动与资本》这部政治经济学著作的论述主题。上文阐述了资本的产生与存在离不开雇佣劳动,同样,在资本主义生产条件下,雇佣劳动的产生、维持或消亡也与资本密不可分,也就是马克思所说的“资本以雇佣劳动为前提,而雇佣劳动又以资本为前提”[②]。具体从三个方面阐述。

首先,从雇佣劳动的性质来看,雇佣劳动是劳动的一种历

---

①《马克思恩格斯文集》第5卷,北京:人民出版社,2009年,第269页。

②《马克思恩格斯选集》第1卷,北京:人民出版社,2012年,第343页。

史形态，如果没有资本的推动作用，雇佣劳动这种经济活动既无法产生，也无法发展。雇佣劳动的产生是由于雇佣工人除了劳动力外一无所有，资本家则利用了雇佣工人不拥有生产资料这个特点，通过雇佣工人要谋生的需求，支配雇佣工人为其进行资本的增殖活动。在这个过程中，资本是这个经济活动的中枢，如果只有资本，没有雇佣劳动，则不会形成产生资本的社会生产关系；反之，如果没有资本，则劳动便不会以雇佣劳动的形态存在。

其次，雇佣工人尽管为资本家生产了剩余价值，但也确实用自己的劳动力为自己换得了生活资料。马克思在《雇佣劳动与资本》中举了短工与农场主的例子来说明，短工用他的劳动为农场主生产了十格罗申银币的收入，自己却只得到了五格罗申银币的报酬，而这五格罗申银币的收入是这个短工维持生活的唯一来源。所以，对这位除了劳动力外一无所有的短工来说，虽然他受到了农场主的剥削，但是，如果离开了这种由资本主导的交换活动，即失去五格罗申银币的收入，这个短工即雇佣工人将无法生存。

再次，资本是资本主义经济制度存在的基础。而且，资本只有与雇佣劳动进行交换，引起雇佣劳动的出现，才能维持资本主义生产关系的运行即实现价值的增殖，而一旦这两个要素的其中一个消失，整个资本主义生产关系则会终结。所以，马克思指出："只要雇佣工人仍然是雇佣工人，他的命运就取决于资本。"[①]

---

①《马克思恩格斯选集》第1卷，北京：人民出版社，2012年，第345页。

3. 资本与雇佣劳动二者相互产生，相互制约

二者的利益是截然对立的，二者的交换关系是剥削与被剥削的关系。资产阶级经济学家断言，资本的利益与雇佣工人的利益是一致的，马克思驳斥了这种说法，他说："即使我们停留在资本和雇佣劳动的关系范围内，也可以知道资本的利益和雇佣劳动的利益是截然对立的。"[①]下面从四个方面阐述资本与雇佣劳动之间的对立关系。

其一，资本与雇佣劳动的对立体现为二者截然对立的利益关系。资本以实现自身增殖为主要目的，而要实现它的增殖，便是通过雇佣劳动并剥削劳动力来实现的。马克思在《资本论》第一卷中指出："劳动力的价值和劳动力在劳动过程中的价值增殖，是两个不同的量。资本家购买劳动力时，正是看中了这个价值差额。"[②]这个价值差额越大，资本家获得的剩余价值就越多，而资本增殖得越多，则被剥削的雇佣工人得到的就越少。因此，从二者利益的构成来看，资本与雇佣劳动的利益是截然对立的。

其二，雇佣劳动生产着对它起支配作用的他人财富，即它的敌对势力——资本。上文提到，雇佣劳动与资本是互为前提而存在的，但是，这种所谓的相互依存关系只局限于二者产生的理论意义上，它们之间的现实影响则是对立和负面的。因为雇佣劳动在本质上，是设定资本即生产资本的劳动。正是这样的活劳动，"它不但把它作为活动来实现时所需要的那些对象条件，而且还把它作为劳动能力存在时所需要的那些

①《马克思恩格斯选集》第1卷，北京：人民出版社，2012年，第350页。

②《马克思恩格斯选集》第2卷，北京：人民出版社，2012年，第177页。

客观要素，都作为同它自己相对立的异己的权力生产出来，作为自为存在的、不以它为转移的价值生产出来”[①]。在这个过程中，马克思提到的雇佣劳动生产的“同它自己相对立的异己的权力”就是资本。

其三，资本的增加意味着它对雇佣劳动即工人阶级统治力量的增加。在某种程度上说，资本使雇佣工人与小部分生产资料相结合，同时大部分生产资料又会被资本家占有。随着资本的积累，资本家占有的生产资料增多，意味着资本的“吸血”能力增强，工人占有的生产资料进一步被剥夺，于是加剧了工人与生产资料的分离。这种分离的必然结果就是雇佣工人越来越贫穷，最终只能在资本和资本家的剥削下维持生存。而且，资本的增加意味着要么雇佣更多的工人，要么进行更为精细的分工或采用更先进的工艺，从而使雇佣工人在生产中的作用降低。但无论是增加还是减少雇佣工人，最终都是对雇佣工人不利的，这体现为资本和资本家对雇佣工人的控制能力的增强。

其四，资本与雇佣劳动揭示了资本主义制度下资本家与工人阶级的剥削与被剥削关系。资本与雇佣劳动作为资本主义生产关系中的两个要素，是经济活动得以运行的关键。资本家拥有资本，雇佣工人拥有劳动力，二者之间的交换却基于不同目的，前者是为了实现资本增殖，后者是为了获取维持生命所必需的生活资料。但是，只有劳动才是价值的源泉，雇佣劳动创造了产品的价值，而劳动者只拿到了对于整体来说仅

① 《马克思恩格斯文集》第8卷，北京：人民出版社，2009年，第112页。

是少部分的用来维持生存的生活资料的价值，剩下的那部分剩余价值则被资本家榨取。列宁曾经指出："凡是资产阶级经济学家看到物与物之间的关系（商品交换商品）的地方，马克思都揭示了人与人之间的关系。"[1]所以，以资本与雇佣劳动为两大支点的资本主义经济活动揭示了资本主义制度下资本家与工人阶级的剥削与被剥削关系。

（五）生产资本增加对雇佣工人产生的影响

在《雇佣劳动与资本》中，马克思介绍了工资、资本、雇佣劳动产生的条件以及它们之间的关系后，开始着重阐述生产资本增加对雇佣工人产生的影响以及如何产生影响。这部分主要解读马克思关于生产资本增加的情况下，虽然雇佣工人的工资增长了，但他们的实际生活水平并没有得到改善，社会地位也没有提高的论述。这里将从三个方面展开。

1. 在生产资本增加的条件下，虽然工资增长，雇佣工人的生活水平却降低了

马克思对此的论证是基于假定有这样一种对雇佣工人最有利的情形，即：生产资本的增加带动社会对雇佣劳动的需求，从而导致劳动力价格的增长。但是，马克思指出，在这种条件下，只会引起财富、奢侈、社会需求和社会享受同样的增长。由于人是社会中的人，人的生活与消费是在社会的大环境中进行的，人的需求与享受也由社会环境产生，因此，衡量人的生活水平不能只进行纵向的比较，即不是以满足人对物品的需求为尺度，而是要以社会为尺度。"与资本家的那些为

---

① 《列宁选集》第2卷，北京：人民出版社，2012年，第312页。

工人所得不到的大为增加的享受相比，与一般社会发展水平相比，工人所得到的社会满足的程度反而降低了。”[①]

对此，马克思列举了三个例子。其一，一座房子不管多小，当它周围的房子都是这么小时，它仍能满足人对住房的需求。但是，当它周围的房子变为宫殿，只要小房子的规模在随着社会的发展规模有所增大的同时，宫殿的规模也在相应增大，那么小房子的主人还是会感到压抑。这表明人的社会需求具有相对性，在资本不断增加的过程中，与资本家相比，雇佣工人在社会需求的满足程度上相对来说仍旧没有提高。其二，美洲的金银自16世纪开始流入欧洲，导致欧洲的金银价值相对其他商品来说降低了，但是，雇佣工人所得的工资与之前一样，这就意味着即使资本增加，在货币贬值的情况下，不仅雇佣工人的实际收入降低，他们能买到的生活资料也减少了。其三，1845—1846年，欧洲农业歉收，生活资料的价格大大上涨，由于工资没有增加，雇佣工人工资的购买力则降低了，这也从侧面说明雇佣工人生活水平的降低。

2. 雇佣工人名义工资的增长不代表实际工资的增长，即不代表雇佣工人生活状况的改善

马克思对名义工资、实际工资做了区分。名义工资指“工人把自己卖给资本家所得到的货币量”[②]，实际工资指“工人用这些货币所能买到的商品量”[③]。简单地说，名义工资强调的是工人现实生活中得到的货币量，即收入，而实际工资则突出

①《马克思恩格斯选集》第1卷，北京：人民出版社，2012年，第345页。
② 同①，第347页。
③ 同①，第347页。

它同其他商品的价格相比较而来的劳动价格。雇佣工人的名义工资与实际工资经常是不一致的，比如，由于使用新机器、年成好等原因，工业品和农产品的价格降低了，虽然雇佣工人的工资没有变化，但雇佣工人的实际工资的购买力却增强了。

马克思认为名义工资和实际工资还无法将工资所包含的各种关系完全表现出来。除了随着生产力的发展，货币的购买力下降，雇佣工人的实际工资相应下降的情况外，更普遍的情况是，雇佣工人的实际工资未发生变化，甚至可能增长了，但是，雇佣工人的相对工资却下降了。相对工资指“同积累起来的劳动即资本从直接劳动新创造的价值中所取得的份额相比，直接劳动在自己新创造的价值中所占的份额”[①]，这种说法更强调直接劳动的价格，是资本与雇佣劳动、资本家与工人之间的相对价值。这种情况的发生是因为雇佣工人的实际工资与资本家的利润不是同幅度增长，资本家拿较少的交换价值即工资给工人，却让雇佣工人生产出更多的交换价值，结果变成——“资本的份额与劳动的份额相比提高了。社会财富在资本和劳动之间的分配更不平均了。”[②]资本占有多数财富，劳动只有少数财富，资本支配雇佣劳动的能力和资本家支配工人阶级的权力一并增强，雇佣工人的地位和相应的生活水平自然不可能得到提高。

3. 即使雇佣工人的实际工资增加了，但只要它的增长不是和利润按同一比例增长，雇佣工人的相对工资仍然可能下降

马克思揭示了资本主义制度下工资和利润相互关系的一

---

①《马克思恩格斯选集》第1卷，北京：人民出版社，2012年，第347页。

② 同①，第348页。

般规律是"工资和利润是互成反比的"①。另外,马克思针对有人认为资本家的利润增加可能是由于开辟新的市场或者生产经营改善,而与工资即劳动力的交换价值无关的错误观点,指出,工资和利润仍然是成反比的。

首先,资本家即使获得了更多的利润,也不会给直接劳动再次付钱,雇佣工人的相对工资就降低了,这符合一般规律。马克思进一步举例,如果工人的工资提高5%,而资本家利润却提高30%,那么相对工资就是减少了。其次,商品的价格是由它的生产费用,即生产商品的必要劳动时间决定的,即使生产技术的改进使生产效率提高,也只会增加商品的使用价值,而不会创造更多商品本身的价值或交换价值。再次,"资本家相互间的盈亏得失必定在整个资本家阶级范围内互相抵消"②,从整体上看,资产阶级利润总额的增加,意味着社会工资总额的下降,同时意味着雇佣工人个体工资的减少,资本家的利益与雇佣工人的利益还是对立的。

(六)生产资本增加怎样影响雇佣工人的工资

第五点分析了马克思关于生产资本增加对雇佣工人产生的影响的论述,即生产资本增长不代表雇佣工人实际工资的增长与生活水平的提高。随后,马克思在《雇佣劳动与资本》中详细论证了这个问题的原因,即"生产资本的增长是怎样影响工资的"③——从生产资本增加对生产过程产生的影响,逐步深入到劳动的简单化、工人之间的竞争以及经济危

①《马克思恩格斯选集》第1卷,北京:人民出版社,2012年,第348页。

② 同①,第349页。

③ 同①,第351页。

机的发生对雇佣工人工资的影响。这些论述也深刻揭示了资本主义经济运动的本质,即生产的无政府状态,反映了资本主义经济关系的历史性,预示了新的社会与经济关系产生的必然趋势。

1. 生产资本越增加,资本家竞争越激烈,分工和采用机器的范围就越扩大

资本以增殖为主要目的,生产资本的增加意味着市场上从事生产性盈利活动的增加。作为资本拥有者的资本家,为了在资本主义市场占据优势,必须降低成本,即更便宜地进行生产,这就要求资本家与其他资本家展开激烈竞争,在劳动力价格、生产成本等方面占据优势。这种优势主要靠增加劳动的生产力来实现,马克思指出:"增加劳动的生产力的首要办法是更细地分工,更全面地应用和经常地改进机器。"①

假设某个资本家为了争夺超额利润,通过分工和生产工艺的改进提高了劳动生产率,增加了生产的商品数量,同时,他对销路的需求也增加了,即需要开辟更大的市场。那么,虽然这个资本家工厂的生产率提高了,他生产商品的费用相对来说比没有采用更细分工和更新生产工艺的商品低,但是,这个资本家不会以与其他竞争者相同的价格出卖商品,因为他要扩大销路,必定要增加自己的竞争优势,即压低价格将他的竞争者挤出市场。他的竞争者同样为了盈利,也要争夺超额剩余价值,必然会采用更细的分工和更新的生产工艺。当两个竞争者的生产率达到同等水平,他们的优势便都消失了,这

①《马克思恩格斯选集》第1卷,北京:人民出版社,2012年,第352页。

必然又引起新一轮的更细的分工和更先进的生产工艺的较量。这就是马克思所说的“在这种新生产费用的水平上，同样一场角逐又重新开始”①，周而复始，循环往复，不断提高劳动生产率是资本主义生产发展的必然趋势。“分工如何必然要引起更进一步的分工；机器的采用如何必然要引起机器的更广泛的采用；大规模的劳动如何必然要引起更大规模的劳动。”②这是一个规律，它使资本家之间的竞争更加激烈和残酷，因为这不仅关系到资本家生产利润的问题，更关系到资本家的生死存亡问题。

2. 分工和采用机器的范围越扩大，劳动越简单化，导致工人之间的竞争越激烈，工人的工资越少

上文分析了在资本主义经济制度下，资本家为了获取超额剩余价值，必然引起一场采用更细分工和更新生产工艺的较量。这不仅是资本家之间的竞争，还同样会“把装备着火力更猛烈的斗争武器的更强大的工人大军引向产业战场”③。也就是说，生产资本的增长既导致资本主义生产关系里分工细化和采用机器范围的扩大，同样也会对雇佣工人产生更激烈的影响，主要表现为以下三方面。

其一，分工提高了劳动生产率，一个人能做数倍的工作量，这种高效率的生产活动直接导致资本家减少这个产业领域的雇佣工人数量，从而加剧了雇佣工人之间的竞争，劳动力的供给大于需求又直接导致雇佣工人工资的下降。另外，弱

---

①《马克思恩格斯选集》第1卷，北京：人民出版社，2012年，第353页。

② 同①，第354页。

③ 同①，第352页。

肉强食的市场竞争也促使大批小产业家和小食利者破产，扩大了雇佣工人的队伍，进一步加剧了工人之间的竞争。

其二，在工业革命机器大生产时期，分工越精细及机器的使用越广泛，工人的劳动就越简单化，这对雇佣工人的技能要求就越低。“工人变成了一种简单的、单调的生产力，这种生产力不需要投入紧张的体力或者智力。”①因而，劳动力作为一种商品，受价值规律的影响，雇佣工人的价值降低，必然会降低劳动力的价格，即工资减少。

其三，基于劳动力价格即工资的降低，如果雇佣工人要想维持已有工资，必须多劳动，多生产。“这样一来，工人为贫困所迫，就进一步加重分工带来的恶果。”②结果就是，尽管工作枯燥，使人生厌，雇佣工人之间的竞争却越激烈，雇佣工人的工资也越少。因为一个雇佣工人产出越多，同类竞争者的工作机会越少，这就使其他工人以更恶劣的条件、更低的价格出卖自己，形成恶性循环。虽然这种分析没有考虑新增的生产部门，但根据资本主义生产关系的剥削本质，要靠贪婪的资本家给予雇佣工人仁慈的施舍是不可能的，资本主义经济规律必然使恶性竞争无限循环下去。另外，在当时的生产力发展条件下，机器的大规模使用，可以使不熟练的工人代替熟练工人，女工代替男工，童工代替成年工人，从而导致劳动力的生产费用降低，并进一步增加雇佣工人的大军，使各类工人之间的竞争更加激烈，相应的工资也会越少。

---

①《马克思恩格斯选集》第1卷，北京：人民出版社，2012年，第356页。

② 同①。

3. 生产资本越增加，生产规模越扩大，导致经济危机越频繁，工人阶级生活资料缩减得越厉害

马克思在《共产党宣言》中指出："资产阶级在它的不到一百年的阶级统治中所创造的生产力，比过去一切世代创造的全部生产力还要多，还要大。"[①]生产资本不断增加，生产规模不断扩大，这使得资本物质生产能力也不断增长，资本主义的生产无限扩大和消费能力相对狭小的矛盾日益突出，当资本主义生产关系不能适应资本主义生产力的发展时，资本主义经济危机便发生了。马克思在《雇佣资本与劳动》中将经济危机称作"产业地震"，他简明扼要地解释了经济危机之所以频繁和剧烈，主要是因为随着资本主义物质生产能力不断增强，产品总量远远地超出了市场的需求，再加上可分解和吸纳这些产品的世界市场不断缩小，从而导致资本主义经济危机的周期不断缩短。

在每次经济危机中，"商业界只是由于埋葬一部分财富、产品以至生产力才能维持下去"[②]。当社会所拥有的生产力已经不能再促进资本主义文明和资产阶级所有制关系的发展，其生产力过剩的部分只能在经济危机发生时被埋葬。这个"地震"的过程必定会促使资产阶级缩减生产规模，减少雇佣工人，结果是工人阶级因丧失生活资料来源而越来越贫困。

总之，马克思的资本积累理论和经济危机理论使我们对资本主义生产关系有了更深刻的认识，其不仅揭示了资本家剥削工人的本质以及资本主义经济关系的历史性，还预示了

---

①《马克思恩格斯选集》第1卷，北京：人民出版社，2012年，第405页。

② 同①，第358页。

无产阶级的反抗以及新的社会关系与经济关系产生的必然性。

知识链接 ……………………………………………………

★ 李嘉图学派 ★

在大卫·李嘉图的主要著作《政治经济学及赋税原理》于1817年伦敦出版之后，以罗·托伦斯、詹·穆勒和约·斯·穆勒为代表的资产阶级经济学家建立了李嘉图学派，以庸俗经济学取代了古典资产阶级经济学。他们坚持李嘉图经济学说，试图用资产阶级的方式来解决李嘉图理论中的基本对立。

李嘉图学派在与当时其他经济学派论战失败后解体，导致其解体的根本原因是该学派无法解决两个问题：(1)资本和劳动之间按照价值规律交换；(2)一般利润率的形成，错误地把剩余价值和利润等同起来，不理解价值和价格的关系。

★ 资本主义工资的基本形式 ★

资本主义工资的形式多种多样，但其基本形式不外乎两种：计时工资和计件工资。计时工资是按照劳动时间支付工资的形式。如日工资、周工资、月工资、年工资等。从现象看，它表现为活劳动的报酬，实质是劳动力的日价值、周价值、月价值、年价值的转化形式。计件工资是按照劳动成果数量支付工资的形式。这种工资形式同计时工资并无本质区别，它表面上是物化劳动的报酬，实质上是一定劳动时间内劳动力价值或价格的转化。因为实行计件工资时，每件产品的工资单价，就是根据日计时工资额和平均日产量计算出来的。可见，计件工资只是变相的计时工资。一般来说，计件工资是更有利于降低工资成本、刺激工人提高劳动生产率的形式。因为计件工资将工人收入同劳动成果直接挂钩，工人劳动的数量、质量和强度，都由工资形式本身来控制，这就使工资成为用物质利益来刺激工人进行更紧张、更有效劳动的重要手段。

延伸阅读

(1)《工资、价格和利润》，《马恩斯恩格斯选集》第2卷，北京：人民出版社，2012年，第17—69页。

(2)《国民经济学批判大纲》，《马克思恩格斯文集》第1卷，北京：人民出版社，2009年，第56—86页。

(3) 王海锋：《马克思的劳动概念》，《东岳论丛》2010年第1期。

深度思考

(1) 为什么说工资不是工人在他生产的商品中占有的一部分？

(2) 为什么说资本不是物，而是一种生产关系？

(3) 剩余价值是怎样产生的？

(4) 资本是怎样实现增殖的？

Reading & Interpretation
大家写小书·马恩经典著作新读

第 三 章

理论意义与历史意义

1859年，马克思在《政治经济学批判》序言中阐述自己研究政治经济学的经过时，提到从各方面表达他们见解的著作，包括他与恩格斯合著的《共产党宣言》、自己发表的《关于自由贸易问题的演说》、反对蒲鲁东而写的《哲学的贫困》、用德文发表的《雇佣劳动与资本》这四部。可见，在马克思看来，《雇佣劳动与资本》是他早期政治经济学研究的重要著作之一。在这部著作中，他用通俗易懂的语言论述了资本主义经济关系，揭示了资本的实质以及资本主义的运行规律，虽然当今世界的形势已发生巨大的变化，但《雇佣劳动与资本》仍在批判思考、总结经验、指导发展等方面具有重要的意义和价值。

资本主义是在资本与雇佣劳动的基础上发展起来的，马克思在《政治经济学批判》序言中指出："我考察资产阶级经济制度是按照以下的顺序：资本、土地所有制、雇佣劳动；国家、对外贸易、世界市场。"[①]前三项构成了资本主义社会的经济生活条件，是资本主义生产关系运行的基础。《雇佣劳动与资本》从资本主义生产关系中的两个基本要素即资本与雇佣劳动出发，深刻剖析资本主义社会与经济关系的本质，阐发了后来在《资本论》中得到科学论证的剩余价值理论等一些重要思想。虽然，马克思在《雇佣劳动与资本》中对资本主义的认识与批判论证与在《资本论》中的相比还不是特别成熟，但是，它应该是马克思对政治经济学的第一次全面阐述，在马克思主义政治经济学形成与发展的过程中具有重要理论意义。

①《马克思恩格斯选集》第2卷，北京：人民出版社，2012年，第1页。

一、初步论述了政治经济学的工资理论

在《雇佣劳动与资本》中，马克思首先从工资的基本的也是最表面的现象出发，概括出，“工资是资本家为一定的劳动时间或一定的劳动付出而偿付的一笔货币”[①]，这种描述使工资看起来像是一种合理的现象。但是，马克思接下来从分析资本家付给雇佣工人工资的方式中发现：“工资不是工人在他所生产的商品中占有的一份。工资是原有商品中由资本家用以购买一定量的生产性劳动力的那一部分。”[②]可以看出，工资只是雇佣工人出卖自己劳动力的交换所得，也就是说，“工资只是人们通常称之为劳动价格的劳动力价格的特种名称”[③]。在资本家看来，劳动力和普通商品一样，可以自由买卖，且买卖是天经地义的事情。从商品的价格是由生产商品所必需的劳动时间决定的规律出发，在资本主义生产条件下，雇佣工人的工资自然被认为是劳动力的生产费用，即“为了使工人保持其为工人并把他训练成为工人所需要的费用”[④]。而且，“简单劳动力的生产费用就是维持生存和延续工人后代的费用”[⑤]，这也被称为最低工资额。

资本家给予雇佣工人工资的这种形式，即用工资来购买雇佣工人的劳动力的形式，直接体现了资本主义雇佣劳动的剥削性质。这是因为正如马克思指出的，在生产过程中，劳动

① 《马克思恩格斯选集》第1卷，北京：人民出版社，2012年，第329页。

② 同①，第331页。

③ 同①，第330页。

④ 同①，第338页。

⑤ 同①，第339页。

力创造的价值远远高于劳动力自身的价值。“工人拿自己的劳动力换到生活资料，而资本家拿他的生活资料换到劳动，即工人的生产活动，亦即创造力量。工人通过这种创造力量不仅能补偿工人所消费的东西，并且还使积累起来的劳动具有比以前更大的价值。”[①]马克思认为这种交换活动的本质是资本家通过工资的形式掩盖了劳动的价值与劳动力的价值之间的区别，劳动力创造的那些大于它本身价值的价值便被资本家占有了。这也就是为什么恩格斯在序言中说，马克思解决了“那些最优秀的经济学家从‘劳动’价值出发而无法解决的困难”[②]的根本原因，因为一旦理论分析以“劳动力”价值为出发点，困难就消失不见了。

虽然马克思在《雇佣劳动与资本》中关于工资理论的分析论述，未能彻底说明“资产阶级生产方式”和“资本主义剥削的内在发生过程”，但是，马克思指出雇佣工人为取得工资出卖的是工人的“劳动力”，而不是“劳动”，这对他以后揭露剩余价值的秘密，创立科学完整的政治经济学理论具有重要意义。

二、科学分析资本与雇佣劳动的对立关系

马克思用历史唯物主义的方法进行分析，初步形成了雇佣劳动理论。

恩格斯曾深刻指出诠释资本和雇佣劳动这二者关系的意义：“资本和劳动的关系，是我们全部现代社会体系所围绕旋转的轴心，这种关系在这里第一次得到了科学的说明，而这种

①《马克思恩格斯选集》第1卷，北京：人民出版社，2012年，第342页。

② 同①，第324—325页。

说明之透彻和精辟，只有一个德国人（指马克思——引者注）才能做得到。”[①]对雇佣劳动和资本关系的分析是研究资本主义生产关系的基础，马克思从雇佣劳动概念的提出，到分析资本与雇佣劳动的关系及其实质的过程，也贯穿了马克思主义政治经济学发展的整个过程。

在《1844年经济学哲学手稿》中，马克思多次引用康·贝魁尔和欧·比雷（两人为法国社会主义者——编者注）著作中的“雇佣”一词，使用“雇佣工人”这一概念。虽然他当时没有阐述资本家与雇佣工人之间的雇佣关系，但已经从中发现了二者之间存在不可调和的矛盾。此外，1844年马克思在《神圣家族》中明确了“雇佣劳动”这个概念——“无产阶级执行着雇佣劳动由于为别人生产财富、为自己生产贫困而给自己做出的判决”[②]。而雇佣劳动与资本相互产生、相互制约的对立关系，主要是在《雇佣劳动与资本》这部著作中详细论述的。马克思用历史唯物主义的方法，科学分析了资本与雇佣劳动的产生条件、深层本质以及二者之间的对立关系，初步形成了雇佣劳动理论。

首先，马克思用唯物史观阐述了雇佣劳动和资本是一个历史范畴，产生于资本主义生产条件下，为雇佣劳动理论的形成提供了科学的分析背景和理论前提。雇佣劳动与资本是资本主义社会的产物——“包含着整个资本主义生产方式的萌芽的雇佣劳动是很古老的；它个别地和分散地同奴隶制度并存了几百年。但是，只有在历史前提已经具备时，这一萌芽才

①《马克思恩格斯选集》第2卷，北京：人民出版社，2012年，第70页。
② 同①，第261页。

能发展成为资本主义生产方式。”[①]马克思在《雇佣劳动与资本》中指出：“劳动力并不向来就是商品。劳动并不向来就是雇佣劳动，即自由劳动。”[②]从而说明了劳动力变成商品，成为雇佣劳动是历史的过程，是在资本主义生产关系的条件下产生的。另一方面，马克思阐述了作为商品的劳动力是如何转化为资本的，“作为一种独立的社会力量，即作为一种属于社会一部分的力量，通过交换直接的、活的劳动力而保存并增大自身。除劳动能力以外一无所有的阶级的存在是资本的必要前提”[③]，即资本的产生离不开工人阶级和雇佣劳动，雇佣劳动与资本的产生，以及在资本主义生产活动中进行的雇佣行为是雇佣劳动理论形成的前提条件。

其次，马克思从资本与雇佣劳动交换背后的深层本质，阐述了资本与雇佣劳动的对立关系，这成为雇佣劳动理论的核心内容。马克思在《资本论》第一卷中说：“劳动过程的简单要素是：有目的的活动或劳动本身，劳动对象和劳动资料。”[④]但是，在资本主义生产关系即雇佣劳动的条件下，工人阶级连这简单的三要素都无法拥有。因为雇佣工人除了劳动力外一无所有，为了换取生存所必需的生活资料才被迫受到雇佣，可以说，资本对雇佣劳动作出的行为是资本支配了雇佣工人。一方面，雇佣工人在劳动过程中除了得到基本的生活资料，还生产出了起着支配作用的他人财富；另一方面，资本只有通过雇

①《马克思恩格斯文集》第9卷，北京：人民出版社，2009年，第287页。
②《马克思恩格斯选集》第1卷，北京：人民出版社，2012年，第332页。
③ 同②，第342页。
④《马克思恩格斯选集》第2卷，北京：人民出版社，2012年，第170页。

佣劳动的方式，才能实现自身的增殖，如果不剥削劳动力，资本不会成为资本，而会走向灭亡。这体现了资本与雇佣劳动之间相互产生又相互制约的关系。

最后，马克思通过阐述工资与利润互成反比的一般规律，并基于雇佣工人相对工资的最终结果，即雇佣工人在雇佣活动中得到的工资与资本增殖所获得的利润之间的利益关系，不是正相关，而是互成反比，由此印证了雇佣劳动理论背后隐藏的深层本质就是剥削雇佣工人劳动。

三、揭露了资本主义生产关系的剥削本质

马克思在《雇佣劳动与资本》中科学分析了资本的实质，他对资本的认识是在对政治经济学的研究过程中逐步深化的。

马克思在《莱茵报》当编辑的时候遇到的物质利益的难事，让他开始深入研究隐藏在其背后的经济问题与经济原理，而研究经济首先要面对的就是分析资本的性质与本质。马克思在《1844年经济学哲学手稿》中已经发现了资本与生产资料私有制之间的内在关系，他指出，资本是“对他人劳动产品的私有权”①，是“对劳动及其产品的支配权力”②。1847年，马克思在《哲学的贫困》中指出了资本与雇佣劳动关系的两重性，“资产阶级借以在其中活动的那些生产关系的性质决不是单一的、单纯的，而是两重的；在产生财富的那些关系中也产生贫困；在发展生产力的那些关系中也发展一种产生压迫的力

① 《马克思恩格斯文集》第1卷，北京：人民出版社，2009年，第129页。

② 同①，第130页。

量”[1]。从这些著作中我们可以看出，马克思已经认识到资本作为一种区别于雇佣劳动的力量，是资本主义社会运行的重要基础。在这些前期研究的基础上，马克思在《雇佣劳动与资本》中详细阐述了资本的产生与实质，对我们深刻认识资本主义经济运行的规律，揭露资本主义生产关系的剥削本质具有重要意义。

首先，马克思强调："只是由于积累起来的、过去的、对象化的劳动支配直接的、活的劳动，积累起来的劳动才变为资本。资本的实质并不在于积累起来的劳动是替活劳动充当进行新生产的手段。它的实质在于活劳动是替积累起来的劳动充当保存并增加其交换价值的手段。”[2]资本的实质体现在资本主义生产关系中雇佣工人依附于资本并受资本支配的地位，这种地位产生的根源是资本主义私有制。工人阶级在资本主义私有制的压迫下，因为自身无生产资料而无法从事劳动，为了生存不得不依附于资本，将自身唯一拥有的劳动力出卖给资本家，成为资本家剥削的对象。

其次，马克思指出，资本本质上包含了一种社会生产关系，是资产阶级的生产关系，“资本关系——一定的社会关系，在这种社会关系中，过去劳动独立地同活劳动相对立，并支配着活劳动”[3]。这种生产关系表现为与劳动者相异化、相对立的权力，“这种权力作为物，作为资本家通过这种物取得的权

---

①《马克思恩格斯选集》第1卷，北京：人民出版社，2012年，第234页。

② 同①，第342页。

③《马克思恩格斯文集》第7卷，北京：人民出版社，2009年，第449页。

力，与社会相对立”[①]，这就是由资本形成的社会权力与资本家以雇佣劳动进行生产的私人权力之间的矛盾，简单地说，即在资本主义生产关系下资本与雇佣劳动的对立，揭示了二者剥削与被剥削的关系。马克思关于资本的实质以及其为资产阶级的生产关系的论述，使我们清晰地看到了资本的存在是支配活劳动即雇佣劳动的基础，揭露了资本主义生产关系的剥削本质。

四、初步形成了资本积累与经济危机理论

在古典经济学研究中，资产阶级经济学家已经对资本积累的问题有过一些探讨，但是，由于他们受阶级利益的限制，并在研究方法上囿于“斯密教条”，无法从资本发展的历史趋势中根本把握资本的实质，只是将资本积累看作是资本雇佣工人并不断产生收入的过程，看作是资本主义物质生产能力自我增长的过程。由此可以看出，资产阶级经济学家无法阐明资本增长的根本原因，无法从科学本质上揭示资本剥削工人的秘密与资本主义经济危机产生的原因。马克思在《雇佣劳动与资本》中通过分析资本不断增长的真正原因及影响，发现了资本逐利性导致的生产的无政府状态，最终初步形成了资本积累和经济危机理论。

首先，在资本主义社会，生产资本从整体来看是不断增长的，资本的数量和规模不断增大意味着资本家之间的竞争不断加剧。面对激烈的竞争，资本家要取得竞争的优势，首要办

①《马克思恩格斯文集》第7卷，北京：人民出版社，2009年，第293—294页。

法是增强劳动的生产力，如采用更细的分工和更新的生产工艺，但资本的逐利性使得这种提高生产力的竞争变得永无止境。资本增长带来的竞争使资本家不停地提高生产能力，这也逐步导致资本积累的不断增加。资本积累理论的表现是资本与资本主义的自我异化过程，马克思在《资本与雇佣劳动》中对这个理论进行了初步的探索。

其次，资本积累的不断增长具有双重性质。一方面，资本积累的增加为扩大再生产、进行资本扩张提供了前提条件，这是其所谓的“进步因素”；另一方面，资本积累的不断增长，最终体现为资本主义生产关系的“再生产”，即生产能力不断增长，越是生产过剩，所导致的危机也越来越频繁。马克思将资本主义经济危机称为“产业地震”，这是资本主义经济制度不可避免的矛盾，即生产力（资本积累）达到了生产关系所不能达到的地步。马克思关于经济危机的理论不仅揭示了资本主义经济关系的历史性，还预示着部分生产力被埋藏后产生新的社会与经济关系的必然性。

在《雇佣劳动与资本》中，马克思仅仅初步阐述了资本积累与经济危机的理论的大致理念，这两个理论的论证与分析还不太成熟。但是，马克思在之后的政治经济学研究著作中对这两个问题进行了详细的论述，最终得出的结论是，资本主义生产力的发展已经不能促进资本主义所有制关系的发展，资本主义制度必将在历史发展进程中被共产主义所取代。

五、对国际共产主义运动和中国的历史影响

《雇佣劳动与资本》作为马克思写作计划第一部分的内

容，虽然在《新莱茵报》标注的“待续”后再也没有下文，但这部著作不仅在资本主义经济关系的研究中意义重大，而且对推动国际工人运动以及在我国社会发展进程中具有深远影响。

（一）《雇佣劳动与资本》对国际共产主义运动的影响

马克思曾指出：“批判的武器当然不能代替武器的批判，物质力量只能用物质力量来摧毁；但是理论一经掌握群众，也会变成物质力量。”[①]19世纪三四十年代，工人运动在欧洲各国轰轰烈烈地开展，但是，由于缺乏科学理论的指导，工人运动最终都以失败告终。马克思、恩格斯非常重视在工人群众中传播共产主义思想，用革命理论武装工人阶级。在1885年《关于共产主义者同盟的历史》一文中，恩格斯说：“我们决不想把新的科学成就写成厚厚的书，只向‘学术’界吐露。正相反，我们两人已经深入到政治运动中；我们已经在知识分子中间，特别是在德国西部的知识分子中间获得一些人的拥护，并且同有组织的无产阶级建立了广泛联系。我们有义务科学地论证我们的观点，但是，对我们来说同样重要的是：争取欧洲无产阶级，首先是争取德国无产阶级拥护我们的信念。我们明确了这一点以后，就立即着手工作了。”[②]《雇佣劳动与资本》正是马克思、恩格斯早期针对工人阶级并向他们宣传科学理论的著作，马克思在这部著作的开头就指出：“我们力求说得尽量简单和通俗，我们就当读者连最起码的政治经济学概念也没有。我们希望工人能明白我们的解说。”[③]当时社会普遍存在

①《马克思恩格斯选集》第1卷，北京：人民出版社，2012年，第9页。
②《马克思恩格斯选集》第4卷，北京：人民出版社，2012年，第203页。
③ 同①，第328页。

着对经济关系极端无知和理解混乱的情况，甚至连资本主义制度的维护者以及冒牌的社会主义者对资本主义经济关系都缺乏科学的认识。

1846年，马克思在布鲁塞尔建立共产主义通讯委员会，在此期间，马克思进行着对魏特林空想社会主义、以卡尔·格律恩为代表的“真正社会主义”以及蒲鲁东的改良主义的思想斗争和理论斗争。《雇佣劳动与资本》的出现，对剖析资本主义经济制度，揭示资本主义生产关系的本质特征，用科学的理论指导工人运动，带去了曙光式的政治经济学概念。马克思用唯物史观说明了雇佣劳动与资本都是资本主义社会的产物，用通俗易懂的语言阐明了资本主义经济关系“既是资产阶级生存及其阶级统治的基础，又是工人遭受奴役的根由”[①]，这就让工人阶级理解了资产阶级民主革命与无产阶级社会主义革命是完全不同性质的革命，无产阶级只有彻底地推翻资产阶级的统治才能真正获得自身的解放，这为推动国际工人运动走向无产阶级革命指明了方向。

（二）《雇佣劳动与资本》对中国的历史影响

《雇佣劳动与资本》作为马克思早期对资本主义经济关系研究的重要著作，不仅推动了欧洲工人运动的发展，而且对中国的工人运动以及社会主义革命也产生了深远的影响。1919年，从日文转译的《雇佣劳动与资本》以《劳动与资本》为题在李大钊主持的《晨报》副刊“马克思研究”专栏发表，这不仅是《雇佣劳动与资本》在中国的首次传播，更是国内第一次完整

①《马克思恩格斯选集》第1卷，北京：人民出版社，2012年，第328页。

发表的马克思经济著作的译文，从此，关于雇佣劳动的相关理论在中国广为流传。1920年，《新青年》杂志第7卷第6号的“劳动节纪念号”上发表了一系列关于雇佣劳动的相关调查报告，如“《上海厚生纱厂湖南女工问题》(陈独秀)、《南京劳动状况》(莫如)、《唐山劳动状况》(无我)、《山西劳动状况》(高君宇)、《江苏江都劳动调查表》(铁民)、《长沙劳动状况》(野人)、《芜湖劳动状况》(高语罕)、《无锡各工厂劳动调查表》(李昆)、《北京劳动状况》(李幽影)、《上海劳动状况》(李次山)、《皖、豫、鄂、浙冶铁工人状况》(李少穆)、《天津造币总厂底工人状况》(杨赓陶)等调查报告”[①]。这表明在雇佣劳动理论的影响下，中国先进的知识分子开始运用马克思主义理论研究中国经济社会存在的问题，这对指导无产阶级工人运动具有重要作用。

1921年，以马克思主义为指导思想的中国共产党成立，它从建党之初就高度重视《雇佣劳动与资本》这部著作。因为我们党的人民出版社一经创立就出版发行了马克思的两部著作，一部是《共产党宣言》，另一部就是《雇佣劳动与资本》，这充分体现了《雇佣劳动与资本》在理论研究和指导我们党带领中国人民开展一系列斗争中的重要价值。1922年在广州召开的全国第一次劳动大会通过了《八小时工作制》《罢工援助》等决议，标志着中国工人阶级将雇佣劳动理论运用到具体实践。在新民主主义革命时期，毛泽东在马克思主义理论的指导下提出了“新民主主义经济”的概念，根据新民主主义经济

① 吴汉全、马莎莎：《调查研究与马克思主义中国化》，《党史研究与教学》2008年第3期。

的性质和特征提出了“节制资本”的思想。1941年,《陕甘宁边区施政纲领》明确指出了调节劳资关系,实行十小时工作制以及提出适当改善工人生活的主张。

1956年,陈云在中国共产党第八次全国代表大会上作了《关于资本主义工商业改造高潮以后的新问题》的报告,会上提出的“三个主体,三个补充”的思想,使我国在适应生产力发展的情况下,改善了社会中存在的雇佣劳动情况。1978年,党的十一届三中全会之后,农村废除了人民公社,实行家庭联产承包责任制,在公有制的基础上允许个体经济和私营经济的发展,确立了社会主义市场经济体制改革目标。非公有制经济的存在促使雇佣劳动在社会主义市场经济条件下出现,雇佣劳动关系的存在意味着非公有制经济下的劳资关系仍然存在着本质的对立问题,但是,就马克思主义理论而言,随着生产力的发展,非公有制经济将会在社会主义市场经济的条件下逐渐转化,非正常劳资关系也将得到解决。

知识链接

★“三个主体,三个补充”★

1956年9月20日,陈云在中共第八次全国代表大会上作了题为“关于资本主义工商业改造高潮以后的新问题”的报告。在这个报告中,他提出了著名的“三个主体,三个补充”的经济思想。即:在工商业经营方面,国家经营和集体经营是工商业的主体,但是附有一定数量的个体经营。这种个体经营是国家经营和集体经营的补充。至于生产计划方面,全国工农业产品的主要部分是按照计划生产的，但是同时有一部分产品是按照市场变化而在国家计划许可范围内自由生产的。计划生产是工农业生产的主体，按照市场变化而在国家计划许可范围内的自由生产是计划生产的补充。因此，我国的市场，绝不是资本主义的自由市场，而是社会主义的统一市场。在社会主义的统一市场里，国家市场是它的主体，但是附有一定范围内国家领导的自由市场。这种自由市场，是在国家领导之下，作为国家市场的补充，因而它是社会主义统一市场的组成部分。

延伸阅读

（1）《1857—1858年经济学手稿摘选》，《马克思恩格斯文集》第8卷，北京：人民出版社，2009年，第5—207页。

（2）张雷声：《〈资本论〉关于资本和雇佣劳动关系分析的整体意蕴》，《求索》2017年第9期。

（3）王峰明：《悖论性贫困：无产阶级贫困的实质与根源》，《马克思主义研究》2016年第6期。

深度思考

（1）为什么说资本主义经济关系"既是资产阶级及其阶级统治的基础，又是工人遭受奴役的根由"？

（2）为什么说经济危机是资本主义基本矛盾的集中体现？

Reading & Interpretation
大家写小书·马恩经典著作新读

第四章

新时代重读《雇佣劳动与资本》的现实意义

马克思在《资本论》第一卷中指出："劳动首先是人和自然之间的过程，是人以自身的活动来中介、调整和控制人和自然之间的物质变换的过程。"[①]劳动是人与动物的本质区别，人既通过劳动改变自然，也在劳动过程中为人类创造自身所需的基本物质条件。劳动作为人的基本实践活动，是人的社会性的体现，但是，由于社会形态的不同，劳动的形式及劳动关系都有所变化。党的十九大以来，中国特色社会主义进入新时代，在新的历史方位，中国的社会发展也面临着新的机遇，劳动关系也出现了新情况，呈现出新特点。在新时代背景下，重新研究马克思的《雇佣劳动与资本》的思想，科学认识资本与劳动之间的基本关系及其本质，对构建新时代和谐劳动关系具有重要的现实意义。

一、重视新时代劳动关系的研究

马克思在《雇佣劳动与资本》中不仅分析了资本主义社会中雇佣劳动与资本的性质与本质，揭示了二者之间不可调和的矛盾以及雇佣工人被压迫和被剥削的地位，而且为我们研究社会经济与社会历史提供了唯物主义历史观的科学方法。

1949年后，我国建立了人民民主专政的社会主义制度，生产资料的公有制成为我国经济制度的基础，它在政治制度与经济基础上消灭了剥削的存在。同时，历史的实践证明，由于生产力发展水平的限制，我国仍处于并将长期处于社会主义初级阶段，因而以公有制为主体、多种所有制共同发展是我国

①《马克思恩格斯选集》第2卷，北京：人民出版社，2012年，第169页。

现阶段的基本经济制度，这决定了现阶段我国实行按劳分配为主体、多种分配方式并存的分配制度。另外，我国存在大量的产业工人以及我国工人阶级的主人翁地位，决定了社会主义社会的劳动关系仍是各方关注的焦点之一。

习近平总书记在党的十九大报告中指出："中国特色社会主义进入新时代，我国社会主要矛盾已经转化为人民日益增长的美好生活需要和不平衡不充分的发展之间的矛盾。"[①]随着新时代社会主要矛盾的变化，我国劳动关系也呈现出新的特点。了解新时代的发展现状，理清劳动关系的新特点，能够为我们通过运用历史唯物主义的方法研究新时代劳动关系提供新的重要依据。

第一，我国的劳动关系总体和谐稳定，但在经济转型升级、产业结构调整的关键时期，劳动关系也变得更为复杂。总体来看，我国劳动关系呈现出和谐稳定的良好态势。但部分企业的劳动关系也存在着如在调岗调薪、欠薪、请假、竞业限制、解雇部分环节的劳资矛盾纠纷等问题，这些仍是制约构建和谐劳动关系的不利因素。

第二，劳动相关主体及其利益诉求呈现多元化趋势。随着社会主义市场经济不断发展，"要素自由流动"和"要素市场化配置"逐步提高，在日益激烈的市场竞争中，企业对劳动者的素质和能力要求也越来越高，同样，劳动者面临的机遇也越来越多，在优胜劣汰的竞争机制下，企业和劳动者双方的利益诉求呈现多元化的趋势。

---

① 习近平：《决胜全面建成小康社会 夺取新时代中国特色社会主义伟大胜利——在中国共产党第十九次全国代表大会上的报告》，北京：人民出版社，2017年，第11页。

第三，我国建立了完善的劳动关系协调机制。针对部分企业损害职工合法权益，尤其是劳动密集型企业一线工资偏低、企业劳动关系基础薄弱以及部分职工职业发展受限等问题，我国建立和完善了由政府、工会、企业组成的协调劳动关系三方机制，健全了劳动合同制度、集体协商和集体合同制度等，为构建和谐的劳动关系提供了重要保障。

第四，工会在和谐劳动关系协调和构建中发挥着重要作用。工会是劳动关系协调中维护劳动者一方合法权益的代表者，保障劳动者劳动报酬、职业培训、职业安全卫生保护、休息休假等各方面的权益，为促进劳动关系和谐稳定作出了积极贡献。

二、推动新时代和谐劳动关系的构建

"劳动关系是生产关系的重要组成部分，是最基本、最重要的社会关系之一。劳动关系是否和谐，事关广大职工和企业的切身利益，事关经济发展与社会和谐。"[①]我们党历来高度重视构建和谐劳动关系，并在政策制定和具体的工作部署上积极贯彻这一思想。习近平在党的十九大报告中明确提出"完善政府、工会、企业共同参与的协商协调机制，构建和谐劳动关系"[②]的目标要求。在中国特色社会主义进入新时代之际，尽管在雇佣劳动理论中劳动与资本的对立关系在现阶段不可避免，但相信通过我们党在中国特色社会主义伟大实践

①《中共中央国务院关于构建和谐劳动关系的意见》，《光明日报》2015年4月23日。

② 习近平：《决胜全面建成小康社会 夺取新时代中国特色社会主义伟大胜利——在中国共产党第十九次全国代表大会上的报告》，北京：人民出版社，2017年，第46页。

中进行的一系列理论创新、制度创新、治理创新，顺应时代变化，把握时代主题，必将为和谐劳动关系的健康发展提供重要保障。

第一，人民创造历史，劳动开创未来，和谐的劳动关系有利于调动劳动者的积极性、主动性、创造性，为建设社会主义现代化强国贡献聪明才智。2013年4月28日，习近平总书记在同全国劳动模范代表座谈会讲话中指出："全社会都要贯彻尊重劳动、尊重知识、尊重人才、尊重创造的重大方针，维护和发展劳动者的利益，保障劳动者的权利。要坚持社会公平正义，排除阻碍劳动者参与发展、分享发展成果的障碍，努力让劳动者实现体面劳动、全面发展。"[①]只有尊重和保障工人、农民以及各行各业所有劳动者的合法权益，才能充分发挥劳动者的重要作用，焕发他们的历史主动精神，以此调动其劳动和创造的积极性，从而实现新时代的奋斗目标，开创美好未来。

第二，构建和谐劳动关系是建设社会主义和谐社会的重要基础。和谐社会不仅是人与人之间关系的和谐，也是劳动关系的和谐。劳动关系是人与人、人与社会之间关系的重要体现。和谐的劳动关系有利于充分保证劳动者的基本权益。及时处理和解决劳动关系纠纷，最大限度减少社会中的不和谐因素，这是构建和谐社会的重要内容。

第三，构建和谐劳动关系是增强党的执政基础、巩固党的执政地位的必然要求，是坚持中国特色社会主义道路、贯彻中国特色社会主义理论体系、完善中国特色社会主义制度的重

① 习近平：《在同全国劳动模范代表座谈时的讲话》，《人民日报》2013年4月29日。

要组成部分。中国是工人阶级领导、以工农联盟为基础的社会主义国家，工人阶级是国家的领导阶级，是国家的主人。工人阶级的生产劳动是推动我国社会发展，促进社会进步的重要力量。充分发挥工人阶级的领导作用，提高工人阶级的积极性与主动性，最重要的就是要构建和谐的劳动关系。构建和谐的劳动关系才能保证工人阶级在生产劳动中的各方面的权益，巩固党的执政地位和公有制的经济基础，不断增强中国特色社会主义道路自信、理论自信、制度自信、文化自信。

社会主义制度的建立为劳动关系和谐的构建奠定了制度前提，但是在社会主义市场经济条件下，劳动关系问题并没有因为社会主义制度的建立而完全解决。中国共产党在执政的过程中高度重视我国的劳动关系问题，不断完善劳动关系法律和制度体系，为和谐劳动关系的构建提供根本保障。2015年，中共中央、国务院出台了《关于构建和谐劳动关系的意见》为构建和谐劳动关系提供了重要遵循。

在基本制度层面，党的十九届四中全会将“按劳分配为主体、多种分配方式并存”上升为我国的基本经济制度，不仅为我国形成科学有效、公正合理、有利于人民的分配格局提供根本遵循，也为我国和谐劳动关系的构建提供了制度保障。新时代和谐劳动关系的构建既要符合市场化劳动关系的基本特征，即通过社会主义市场的调节机制，营造自由、效率的氛围，更要体现社会主义制度的本质特征，即公平、共享的关系。

具体来看，一是始终要坚持人民立场，将维护和解决劳动人民的利益作为构建和谐劳动关系的根本出发点和落脚点；二是要加强和不断调整劳动关系的法律、体制、制度、机制和能力建设，依法保障劳动人民的基本权益；三是完善由政府、工会、企业组成的协调劳动关系三方机制，解决劳动纠纷中出现的问题；四是健全劳动保障监察制度和劳动争议调解仲裁机制，有效调处劳动关系矛盾；五是加大构建和谐劳动关系表彰和宣传力度，营造全社会共同关心、支持和参与构建和谐劳动关系的良好氛围。

三、构建中国特色社会主义政治经济学的重要思想资源

马克思的经济学理论对资产阶级经济学的超越，很大程度上来源于研究方法上的重大变革。资产阶级经济学只是停留于现象的描述和所谓的“对策”分析上，马克思则力图通过现象的分析，揭露资本主义经济关系的本质及其内在矛盾的根源，并依据对矛盾的分析，揭示资本主义经济运动的规律及发展趋势。新时代呼唤新理论，在新时代背景下，重读马克思的《雇佣劳动与资本》，努力掌握马克思主义立场、观点和方法，对构建中国特色社会主义政治经济学具有重要的启迪作用。

一方面，虽然《雇佣劳动与资本》剖析的对象是当时的自由资本主义，但它所阐述的一些基本立场、观点，对于我们认识和分析当今的资本主义社会仍具有重要价值。当代资本主义发展确实出现了许多新情况、新特点，如当代生态危机、金融危机、逆全球化等，但资本主义的基本矛盾没有发生实质性的变化，特别是劳动与资本的对立关系没有变。深入研究资本与雇佣劳动的关系是科学把握资本主义经济关系的核心，也是批判资本主义制度的重要理论基础。在社会主义社会，

以公有制为主体的经济制度决定了我们的劳动关系已经发生了本质的变化，但是劳动关系仍然是重要的社会关系，从社会主义生产关系的本质中分析劳动关系对和谐劳动的构建具有重要的方法论启示。

另一方面，中国特色社会主义政治经济学是21世纪马克思主义政治经济学，《雇佣劳动与资本》的立场、观点、方法为中国特色社会主义政治经济学的构建提供了重要的思想资源。《雇佣劳动与资本》揭示了工资的本质，资本与雇佣劳动的关系，生产资本增长对雇佣工人产生的影响，生产资本增长如何影响雇佣工人的工资，等等，这些分析对于发展社会主义市场经济依然有着非常重要的启迪作用。《雇佣劳动与资本》作为马克思主义政治经济学著作，是为无产阶级和劳动人民服务的，中国特色社会主义政治经济学的学术立场和宗旨就是以人民为中心，为人民谋幸福，二者是一脉相承的。分析研究《雇佣劳动与资本》的立场、观点和方法，对总结中国特色社会主义成功经验，创建中国特色社会主义政治经济学理论体系具有重要理论参考价值。

知识链接 ……………………………………………………

★ 2013年习近平总书记在同全国劳动模范代表座谈时的讲话（节选）★

劳动是财富的源泉，也是幸福的源泉。人世间的美好梦想，只有通过诚实劳动才能实现；发展中的各种难题，只有通过诚实劳动才能破解；生命里的一切辉煌，只有通过诚实劳动才能铸就。劳动创造了中华民族，造就了中华民族的辉煌历史，也必将创造出中华民族的光明未来。“一勤天下无难事。”必须牢固树立劳动最光荣、劳动最崇高、劳动最伟大、劳动最美丽的观念，让全体人民进一步焕发劳动热情、释放创造潜能，通过劳动创造更加美好的生活。

全社会都要贯彻尊重劳动、尊重知识、尊重人才、尊重创造的重大方针，维护和发展劳动者的利益，保障劳动者的权利。要坚持社会公平正义，排除阻碍劳动者参与发展、分享发展成果的障碍，努力让劳动者实现体面劳动、全面发展。全社会都要热爱劳动，以辛勤劳动为荣，以好逸恶劳为耻。

…………

时代在发展，事业在创新，工会工作也要发展、也要创新。要顺应时代要求、适应社会变化，善于创造科学有效的工作方法，让职工群众真正感受到工会是“职工之家”，工会干部是最可信赖的“娘家人”。要把竭诚为职工群众服务作为工会一切工作的出发点和落脚点，全心全意为广大职工群众服务，认真倾听职工群众呼声，维护好广大职工群众包括农民工合法权益，扎扎实实为职工群众做好事、办实事、解难事，不断促进社会主义和谐劳动关系。

★ 关于构建和谐劳动关系的意见（节选）★

四、健全劳动关系协调机制

（八）全面实行劳动合同制度。贯彻落实好劳动合同法等法律法规，加强对企业实行劳动合同制度的监督、指导和服务，在用工季节性强、职工流动性大的行业推广简易劳动合同示范文本，依法规范劳动合同订立、履行、变更、解除、终止等行为，切实提高劳动合同签订率和履行质量。依法加强对劳务派遣的监管，规范非全日制、劳务承揽、劳务外包用工和企业裁员行为。指导企业建立健全劳动规章制度，提升劳动用工管理水平。全面推进劳动用工信息申报备案制度建设，加强对企业劳动用工的动态管理。

（九）推行集体协商和集体合同制度。以非公有制企业为重点对象，依法推进工资集体协商，不断扩大覆盖面、增强实效性，形成反映人力资源市场供求关系和企业经济效益的工资决定机制和正常增长机制。完善工资指导线制度，加快建立统一规范的企业薪酬调查和信息发布制度，为开展工资集体协商提供参考。推动企业与职工就工作条件、劳动定额、女职工特殊保护等开展集体协商，订立集体合同。加强集体协商代表能力建设，提高协商水平。加强对集体协商过程的指导，督促企业和职工认真履行集体合同。

（十）健全协调劳动关系三方机制。完善协调劳动关系三方机制组织体系，建立健全由人力资源社会保障部门会同工会和企业联合会、工商业联合会等企业代表组织组成的三方机制，根据实际需要推动工业园区、乡镇（街道）和产业系统建立三方机制。加强和创新三方机制组织建设，建立健全协调劳动关系三方委员会，由同级政府领导担任委员会主任。完善三方机制职能，健全工作制度，充分发挥政府、工会和企业代表组织共同研究解决有关劳动关系重大问题的重要作用。

延伸阅读

（1）习近平：《在庆祝“五一”国际劳动节暨表彰全国劳动模范和先进工作者大会上的讲话》，《人民日报》2015年4月29日。

（2）《充分发挥工人阶级主力军作用 依靠诚实劳动开创美好未来》，《人民日报》2013年4月29日。

深度思考

（1）《雇佣劳动与资本》的相关理论对构建新时代和谐劳动关系有何思想启迪？

（2）为什么说“构建和谐劳动关系，最直接最鲜明最有力地体现了新时代中国特色社会主义思想的精神实质和丰富内涵”？

（3）如何认识这部著作对于构建中国特色社会主义政治经济学的作用？

后　记

在本书即将付梓之际，首先感谢红旗文稿杂志社社长顾保国的信任，让我参与丛书的编写工作。同时，向红旗出版社以及所有关心和支持本书编写的朋友们致以衷心的感谢！

1890年，恩格斯在给一位青年的信中谈道："我请您根据原著来研究这个理论，而不要根据第二手的材料来进行研究——这的确要容易得多。"读原著，学原文，悟原理，不仅能让理论工作者掌握马克思主义理论的核心要义，而且可以指导我们用马克思主义立场、观点、方法解决自身成长与中国发展中遇到的现实问题。红旗出版社组织编写"大家写小书·经典著作新读"系列丛书便是希望起到这方面的作用。

笔者承担的《资本主义经济关系的深刻揭示——〈雇佣劳动与资本〉新读》一书，详细介绍了《雇佣劳动和资本》的写作背景、出版过程、主要内容，并且深入浅出地分析了其理论意义和现实意义，特别是指出了研读这本著作对新时代劳动关系构建的必要性以及对中国特色社会主义政治经济学发展的诸多思考，希望能为读者研究马克思主义基本原理提供有益的帮助。

吉林大学马克思主义学院博士研究生何况参与了本书的资料收集、写作和审校工作，特表示感谢。在编写过程中，作为导读，本书参考引用了其他作者对《雇佣劳动和资本》的介绍，在此一并表示感谢。

本书的写作时间较为仓促，书中难免存在不足之处，请各位专家、读者批评指正。

韩喜平

2019年10月13日于吉林大学